AF315300

LE RÉGULATEUR

DES

CLASSEMENS DE VITESSE

DES CHEVAUX DE COURSE.

Imprimerie d'ÉVERAT, rue du Cadran, n° 16.

LE RÉGULATEUR

CLASSEMENS DE VITESSE

DES CHEVAUX DE COURSE,

Par Armand SÉGUIN.

PARIS.

SEPTEMBRE 1829.

INTRODUCTION.

Si je n'étais pas convaincu des louables intentions de l'administration *actuelle* des haras, et de la sincérité de ses vœux pour *l'amélioration* de la race des chevaux en France, je *concentrerais* encore dans mes *méditations* les observations qui y sont relatives.

On peut, à la rigueur, *résister*, avec quelque *succès*, aux *écarts* de la puissance; mais, quand on ne se berce pas *d'illusions*, on ne doit jamais *nourrir* l'espoir *chimérique* de *convaincre* des administrateurs pénétrés d'avance de la *défectuosité* et des *dangers* de leurs mesures.

Au contraire, avec une administration qui agit de *bonne foi*, et à laquelle on ne peut reprocher aucun *aveuglement volontaire*, la publicité *franche*, *déférente* et *respectueuse* des *investigations* et des *controverses* y relatives, a le grand avantage de concourir *efficacement* au bien, en servant de *texte* aux personnes plus *capables* de telles questions.

> *Tous*, nous voulons le *bien*,
> *Tous*, nous le voulons de *bonne foi*.

Le temps pourrait, à la rigueur, résoudre les questions dépendantes de ces desirs ; mais une majorité *imposante* d'esprits *sains* et droits, peut et doit abréger le parcours d'une telle direction.

On doit attacher d'autant plus d'importance à un tel résultat, que dans les combinaisons qui ont pour l'un de leurs élémens la *durée* de *croissance* d'individus, les moindres écarts *théoriques* de l'imagination, engendrent *trop souvent* une longue *lacune*, dont des efforts *tardifs* ne peuvent combler *le vide*.

AVANT-PROPOS.

Les lumières, les connaissances, l'expérience, le zèle, la bonne judiciaire, le dévoûment, l'esprit national et le patriotisme du noble pair qui, bien heureusement, dirige maintenant notre administration des haras, doivent être pour nous un sûr garant, qu'en France, ce genre d'industrie, si favorable à la prospérité de l'État, reprendra enfin, dans les rapports avec les autres nations, le rang auquel jusqu'ici nous n'avons cessé *infructueusement* d'aspirer.

Messieurs les inspecteurs généraux des haras suivront, imiteront et seconderont de toute leur puissance, du moins nous devons l'espérer, un si parfait modèle ; et parmi eux, M. Lenormand-Détioles, qui, en raison de sa nomination *constante* de membre du jury, semble se considérer comme *inamovible*, ne sera pas, sans doute, le dernier à donner l'exemple de cette *déférence* et de ce *concours*.

Les nullités dont pullulent les sentiers des tentatives d'améliorations, ne pourraient décourager qu'autant qu'on aurait perdu cet espoir *vivifiant :*

Aide-toi, le ciel et le roi t'aideront.

Puissions-nous donc voir dorénavant les entraves de la médiocrité, ou celles des mesquineries des combinaisons intéressées, ne pas continuer à contrarier ou à paralyser les élans *purs* et *bien intentionnés!* alors le succès sera assuré.

Nous devons le *désirer*, l'*espérer* et y *croire*.

LE RÉGULATEUR

DES

CLASSEMENS DE VITESSE

DES CHEVAUX DE COURSE.

Ainsi que je l'ai dit dans mes divers ouvrages sur les moyens d'accroître la prospérité des États par l'industrie des haras, les courses doivent se ranger parmi les principaux élémens de cette tendance.

Pour atteindre le but des courses, il faut *multiplier* les productions, et tout ce qui n'atteint pas directement ce but a, par sa *dissémination*, une utilité non moins générale, et peut-être plus importante.

Telle est la principale cause de la supériorité *incontestable* de nos voitures en ce genre.

On ne saurait donc trop désirer de voir se propager en France le goût, peut-être même la *manie* des courses. Tout ce qui peut y contribuer ne doit pas être négligé, et doit, au contraire, être approfondi.

C'est dans ce but que je présente ici un *régulateur* de classemens de vitesse des chevaux de course.

Il servira pour chaque état à se fixer à toute époque, par des comparaisons de *spécialité* et de généralité, sur l'importance des efforts de *persévérance*.

A l'aide du régulateur, chaque cheval pourra avoir son numéro de classement de vitesse, et d'avance, les propriétaires de haras pourront assigner à chaque production le numéro de vitesse qui leur appartient.

Dans ce but, il leur suffira de disposer, soit dans leur propriété, soit en tout autre endroit, une lice circulaire, divisée de cinq cents en cinq cents mètres.

A chacune de ces divisions se trouverait placé un poteau, près duquel, à chaque essai, un observateur, avec une montre à détente divisée en huitième de seconde, déterminerait l'indication du passage.

Rapprochant cette durée des tableaux que je présente, on aura le numéro de vitesse du coursier, et son parcours de pieds par seconde.

Dans ce but, mes tableaux comprennent un élément de *fait* et deux élémens de conséquence.

L'élément de fait est la durée du parcours du trajet de la lice.

Les élémens de conséquence sont le nombre de pieds parcourus par seconde, en admettant l'*isocronisme* de mouvement, et le numéro de vitesse qui s'en déduit.

Lors donc qu'on connaîtra la durée du parcours d'une lice égale en longueur à l'une de celles sur lesquelles j'ai fondé mes calculs, il suffira de chercher dans le tableau de cette lice, la durée correspondante, et on aura aussitôt sur la même ligne, et sans calcul, le nombre de pieds par seconde, et huitième de seconde, et le numéro de vitesse *comparative*.

J'ai pris pour longueur de mes lices : 1º le parcours du cheval le plus vite qui ait jamais existé, le fameux *Éclipse*, cheval anglais.

Ce cheval parcourait par minute quatre mille pieds.

2° Une fois le tour du Champ-de-Mars, c'est-à-dire, 2,000 mètres.

3° Une fois et demie ce même tour, c'est-à-dire 3,000 mètres.

4° Deux fois ce même tour, c'est-à-dire 4,000 mètres.

5° Enfin trois fois ce même tour, c'est-à-dire 6,000 mètres.

Mes numéros de vitesse ont entre eux une différence constante du nombre huit, afin qu'on y puisse intercaler les huit vitesses désignées par des accroissemens de huitième de seconde pour la durée du parcours. Ainsi, supposons qu'un coursier ait parcouru deux fois le tour du Champ-de-Mars, c'est-à-dire 4,000 mètres, en cinq minutes vingt secondes 5/8 de secondes, je trouverai dans le tableau des courses de 4,000 mètres, pour le numéro de vitesse de 5 minutes 20 secondes, le nombre 4,521, à quoi il faudra ajouter le nombre 5 pour les 5/8 de seconde, ce qui donnera le nombre 4,526 pour la vitesse exacte de ce coursier.

J'aurais pu éviter, pour le public, ce *minime* travail; mais cet avantage aurait été bien au-delà compensé par le plus d'étendue de mes tableaux, qui auraient nécessairement comporté huit fois plus de pages.

Pour chacune de mes lices, je recommence un autre ordre de chiffre, de sorte que mes numéros, qui pour chaque lice doivent se comparer entre eux, ne peuvent plus servir d'objet de comparaison pour deux lices différentes.

Mais, dans ce cas, il existe un moyen aussi certain et au moins aussi facilement *appréciable*, d'établir cette comparaison : ce sont les parcours par seconde.

Ce moyen de comparaison de parcours par seconde, dans des lices différentes, donne surtout la facilité de déterminer le fonds des chevaux, fixation qui, suivant moi, est non moins importante que celle de la vitesse.

Supposons, par exemple, que dans une lice de 6,000 mètres, un coursier parcourt 40 pieds par seconde, et supposons que dans une lice de 2,000 mètres, un autre coursier parcourt de même 40 pieds par seconde, on pourra conclure, non-seulement que le coursier de la lice de 4,000 mètres a plus de vitesse que le coursier de la lice de 2,000 mètres, mais, en outre, qu'il a plus de fonds.

En effet, il est sensible que dans l'ordre des probabilités, la substitution d'une lice de 2,000 en une lice de 4,000 fera perdre au coursier une partie de sa vitesse, et diminuera d'autant son parcours par seconde, comme de même la substitution d'une lice de 4,000 mètres en une lice de 2,000 mètres accroîtra la vitesse du second coursier.

Les lices sur lesquelles sont fondés mes calculs ont pour n⁰ˢ d'ordre les chiffres 1, 2, 3, etc.

Mes n⁰ˢ de vitesse sont tous composés de 4 chiffres. Le premier, celui qui précède la virgule, est le n⁰ d'ordre de la lice ; les trois autres sont les n⁰ˢ de vitesse comparative des parcours dans la lice indiquée par le premier des quatre chiffres.

Comme, en *fait*, les vitesses sont en raison *inverse* des durées du parcours de la lice, mes n⁰ˢ de vitesse *comparative* sont *également* en raison *inverse* de ces durées ; ainsi, comparant les n⁰ˢ 2,001 et 2,017, qui tous deux se rapportent à une lice de 2,000 mètres, le n⁰ 2,001 correspondra avec la moindre des deux vitesses, et le n⁰ 2,017 à la plus grande.

LICE DE 1,300 MÈTRES (*a*).

NUMÉROS DE VITESSE

DEPUIS LE PARCOURS EN 1 MINUTE JUSQU'AU PARCOURS
EN 2 MINUTES.

NUMÉROS de vitesse, POUR 1,300 MÈTRES (*b*).	DURÉE DU PARCOURS DE 1,300 MÈTRES.		ESPACE PARCOURU PAR CHAQUE SECONDE.	
	Minutes.	Secondes.	Pieds.	Pouces.
1,481	1	"	66	8
1,473	1	1	65	6
1,465	1	2	64	6
1,457	1	3	63	6
1,449	1	4	62	6

(*a*) Mon point de départ est le parcours, par minute, de l'*Eclipse*, savoir : 4,000 pieds ou 1,299 mètres. Je mets ici 1,300 mètres pour la simplicité;
mais cependant mes calculs sont basés sur le nombre 1,299.

(*b*) Les sept numéros intermédiaires des indications conjointes sont appli-
cables à des additions de vitesse d'un huitième de seconde. Même observation
pour les tableaux suivans.

Chaque augmentation de vitesse d'un huitième de seconde entre les indications conjointes comportera des portions de pouces exprimées en lignes. Même
observation pour les tableaux suivans.

NUMÉROS de vitesse, POUR 1,300 MÈTRES.	DURÉE DU PARCOURS DE 1,300 MÈTRES.		ESPACE PARCOURU PAR CHAQUE SECONDE.	
	Minutes.	Secondes.	Pieds.	Pouces.
1,441	1	5	61	6
1,433	1	6	60	6
1,425	1	7	59	8
1,417	1	8	58	10
1,409	1	9	57	11
1,401	1	10	57	2
1,393	1	11	56	4
1,385	1	12	55	7
1,377	1	13	54	9
1,369	1	14	54	»
1,361	1	15	53	4
1,353	1	16	52	7
1,345	1	17	51	11
1,337	1	19	51	3
1,329	1	19	50	8
1,321	1	20	50	»
1,313	1	21	49	4
1,305	1	22	48	9
1,297	1	23	48	2
1,289	1	24	47	7
1,281	1	25	47	»
1,273	1	26	46	8
1,265	1	27	46	5
1,257	1	28	46	2

NUMÉROS de vitesse, POUR 1,300 MÈTRES.	DURÉE DU PARCOURS DE 1,300 MÈTRES.		ESPACE PARCOURU PAR CHAQUE SECONDE.	
	Minutes.	Secondes.	Pieds.	Pouces.
1,249	1	29	45	9
1,241	1	30	45	6
1,233	1	31	44	9
1,225	1	32	44	2
1,217	1	33	43	5
1,209	1	34	42	9
1,201	1	35	42	1
1,193	1	36	41	8
1,185	1	37	41	3
1,177	1	38	40	10
1,169	1	39	40	5
1,161	1	40	40	»
1,153	1	41	39	8
1,145	1	42	39	4
1,137	1	43	39	2
1,129	1	44	38	9
1,121	1	45	38	1
1,113	1	46	37	8
1,105	1	47	37	4
1,097	1	48	37	»
1,089	1	49	36	8
1,081	1	50	36	5
1,073	1	51	35	11
1,065	1	52	35	8

NUMÉROS de vitesse, POUR 1,500 MÈTRES.	DURÉE DU PARCOURS DE 1,500 MÈTRES.		ESPACE PARCOURU PAR CHAQUE SECONDE.	
	Minutes.	Secondes.	Pieds.	Pouces.
1,057	1	55	55	5
1,049	1	54	55	1
1,041	1	55	54	9
1,055	1	56	54	6
1,025	1	57	54	2
1,017	1	58	55	11
1,009	1	59	55	7
1,001	1	»	55	4

LICE DE 2,000 MÈTRES.

NUMÉROS DE VITESSE

DEPUIS LE PARCOURS EN 2 MINUTES JUSQU'AU PARCOURS
EN 3 MINUTES.

NUMEROS de vitesse, pour 2,000 mètres.	DURÉE DU PARCOURS DE 2,000 mètres.		ESPACE PARCOURU PAR CHAQUE SECONDE.	
	Minutes.	Secondes.	Pieds.	Pouces.
2.481	2	»	40	7
2,473	2	1	40	3
2,465	2	2	39	11
2,457	2	3	39	7
2,449	2	4	39	3
2,441	2	5	38	11
2,433	2	6	38	8
2,425	2	7	38	4
2,417	2	8	38	»
2,409	2	9	37	9
2,401	2	10	37	5

NUMÉROS de vitesse, POUR 2,000 MÈTRES.	DURÉE DU PARCOURS DE 2,000 MÈTRES.		ESPACE PARCOURU PAR CHAQUE SECONDE.	
	Minutes.	Secondes.	Pieds.	Pouces.
2,395	2	11	37	2
2,385	2	12	36	11
2,377	2	13	36	7
2,369	2	14	36	4
2,361	2	15	36	»
2,355	2	16	35	10
2,345	2	17	35	6
2,337	2	18	35	3
2,329	2	19	35	»
2,321	2	20	34	9
2,313	2	21	34	7
2,305	2	22	34	3
2,297	2	23	34	»
2,289	2	24	33	10
2,281	2	25	33	8
2,273	2	26	33	4
2,265	2	27	33	1
2,257	2	28	32	11
2,249	2	29	32	8
2,241	2	30	32	5
2,233	2	31	32	4
2,225	2	32	32	»
2,217	2	33	31	10
2,209	2	34	31	7

NUMÉROS de vitesse POUR 2,000 MÈTRES.	DURÉE DU PARCOURS DE 2,000 MÈTRES.		ESPACE PARCOURU PAR CHAQUE SECONDE.	
	Minutes.	Secondes.	Pieds.	Pouces.
2,201	2	55	51	5
2,193	2	56	51	2
2,185	2	57	51	»
2,177	2	38	50	8
2,169	2	39	50	7
2,161	2	40	50	5
2,153	2	41	50	5
2,145	2	42	50	7
2,137	2	43	29	10
2,129	2	44	29	8
2,121	2	45	29	6
2,113	2	46	29	4
2,105	2	47	29	2
2,097	2	48	29	»
2,089	2	49	28	10
2,081	2	50	28	8
2,073	2	51	28	6
2,065	2	52	28	5
2,057	2	53	28	4
2,049	2	54	28	2
2,041	2	55	27	11
2,033	2	56	27	8
2,025	2	57	27	6

NUMÉROS de vitesse, POUR 6,000 MÈTRES.	DURÉE DU PARCOURS DE 6,000 MÈTRES.		ESPACE PARCOURU PAR CHAQUE SECONDE.	
	Minutes.	Secondes.	Pieds.	Pouces.
2,017	2	58	27	4
2,009	2	59	27	2
2,001	3	»	27	»

LICE DE 3,ooo MÈTRES.

NUMÉROS DE VITESSE,

DEPUIS LE PARCOURS EN 3 ½ MINUTES, JUSQU'AU PARCOURS EN 5 MINUTES.

NUMÉROS de vitesse, POUR 3,000 MÈTRES.	DURÉE DU PARCOURS DE 3,000 MÈTRES.		ESPACE PARCOURU PAR CHAQUE SECONDE.	
	Minutes.	Secondes.	Pieds.	Pouces.
3,721	3	30	43	7
3,713	3	31	43	2
3,705	3	32	42	9
3,697	3	33	42	4
3,689	3	34	41	11
3,681	3	35	41	9
3,673	3	36	41	7
3,665	3	37	41	5
3,657	3	38	41	3
3,649	3	39	41	»
3,641	3	40	40	10
3,633	3	41	40	8

NUMEROS de vitesse, POUR 3,000 MÈTRES.	DURÉE DU PARCOURS DE 3,000 MÈTRES.		ESPACE PARCOURU PAR CHAQUE SECONDE.	
	Minutes.	Secondes.	Pieds.	Pouces.
3,625	3	42	40	6
3,617	3	43	40	4
3,609	3	44	40	2
3,601	3	45	40	0
3,593	3	46	39	11
3,585	3	47	39	10
3,577	3	48	39	8
3,569	3	49	39	6
3,561	3	50	39	4
3,553	3	51	39	2
3,545	3	52	39	1
3,537	3	53	39	»
3,529	3	54	38	11
3,521	3	55	38	10
3,513	3	55	38	9
3,505	3	57	38	8
3,497	3	58	38	6
3,489	3	59	38	3
3,481	4	00	38	4
3,473	4	1	38	3
3,465	4	2	38	1
3,457	4	3	37	11
3,449	4	4	37	10
3,441	4	5	37	8

NUMÉROS de vitesse, POUR 5,000 MÈTRES.	DURÉE DU PARCOURS DE 5,000 MÈTRES.		ESPACE PARCOURU PAR CHAQUE SECONDE.	
	Minutes.	Secondes.	Pieds.	Pouces.
5,455	4	6	57	6
5,525	4	7	57	5
5,417	4	8	57	5
5,409	4	9	57	1
5,401	4	10	56	11
5,595	4	11	56	10
5,585	4	12	56	8
5,577	4	15	56	7
5,569	4	14	56	4
5,561	4	15	56	2
5,555	4	16	56	»
5,545	4	17	55	11
5,557	4	18	55	9
5,529	4	19	55	8
5,521	4	20	55	6
5,515	4	21	55	5
5,505	4	22	55	5
5,297	4	25	55	1
5,289	4	24	54	11
5,281	4	25	54	10
5,275	4	26	54	8
5,265	4	27	54	7
5,257	4	28	34	6
5,249	4	29	54	4

NUMÉROS de vitesse, POUR 3,000 MÈTRES.	DURÉE DU PARCOURS DE 3,000 MÈTRES.		ESPACE PARCOURU PAR CHAQUE SECONDE.	
	Minutes.	Secondes.	Pouces.	Pieds.
3,241	4	30	34	2
3,233	4	31	34	»
3,225	4	32	33	11
3,217	4	33	33	10
3,209	4	34	33	8
3,201	4	35	33	7
3,193	4	36	33	6
3,185	4	37	33	4
3,177	4	38	33	3
3,169	4	39	33	1
3,161	4	40	32	11
3,153	4	41	32	10
3,145	4	42	32	8
3,137	4	43	32	7
3,129	4	44	32	6
3,121	4	45	32	5
3,113	4	46	32	4
3,105	4	47	32	2
3,097	4	48	32	»
3,089	4	49	31	11
3,081	4	50	31	10
3,073	4	51	31	9
3,065	4	52	31	7
3,057	4	53	31	6

NUMÉROS de vitesse, POUR 3,000 MÈTRES.	DURÉE DU PARCOURS DE 3,000 MÈTRES.		ESPACE PARCOURU PAR CHAQUE SECONDE.	
	Minutes.	Secondes.	Pieds.	Pouces.
3,049	4	54	51	5
3,041	4	55	51	4
3,033	4	56	51	2
3,025	4	57	51	1
3,017	4	58	50	11
3,009	4	59	50	10
3,001	5	»	50	9

LICE DE 4,000 MÈTRES.

NUMÉROS DE VITESSE

DEPUIS LE PARCOURS EN 5 MINUTES , JUSQU'AU PARCOURS EN 6 MINUTES.

NUMÉROS de vitesse, POUR 4,000 MÈTRES	DURÉE DU PARCOURS DE 4,000 MÈTRES.		ESPACE PARCOURU PAR CHAQUE SECONDE.	
	Minutes.	Secondes.	Pieds.	Pouces.
4,481	5	»	41	»
4,473	5	1	40	11
4,465	5	2	40	9
4,457	5	3	40	8
4,449	5	4	40	6
4,441	5	5	40	5
4,433	5	6	40	3
4,425	5	7	40	1
4,417	5	8	39	11
4,409	5	9	39	10
4,401	5	10	39	9

NUMÉROS de vitesse, POUR 4,000 MÈTRES.	DURÉE DU PARCOURS DE 4,000 MÈTRES.		ESPACE PARCOURU PAR CHAQUE SECONDE.	
	Minutes.	Secondes.	Pieds.	Pouces.
4,393	5	11	59	6
4,385	5	12	59	5
4,377	5	13	59	4
4,369	5	14	59	2
4,361	5	15	59	1
4,353	5	16	58	11
4,345	5	17	58	10
4,337	5	18	58	8
4,329	5	19	58	7
4,321	5	20	58	6
4,313	5	21	58	4
4,305	5	22	58	3
4,297	5	23	58	1
4,289	5	24	58	»
4,281	5	25	57	10
4,273	5	26	57	9
4,265	5	27	57	8
4,257	5	28	57	6
4,248	5	29	57	5
4,241	5	50	57	4
4,233	5	51	57	2
4,225	5	32	57	»
4,217	5	53	56	11

NUMÉROS de vitesse, POUR 4,000 MÈTRES.	DURÉE DU PARCOURS DE 4,000 MÈTRES.		ESPACE PARCOURU PAR CHAQUE SECONDE.	
	Minutes.	Secondes.	Pouces.	Pieds.
4,209	5	34	36	10
4,201	5	35	36	9
4,193	5	36	36	7
4,185	5	37	36	6
4,177	5	38	36	5
4,169	5	39	36	4
4,161	5	40	36	2
4,153	5	41	36	1
4,145	5	42	35	11
4,137	5	43	35	10
4,129	5	44	35	9
4,121	5	45	35	8
4,113	5	46	35	7
4,105	5	47	35	6
4,097	5	48	35	4
4,089	5	49	35	3
4,081	5	50	35	2
4,073	5	51	35	1
4,065	5	52	35	»
4,057	5	53	34	10
4,049	5	54	34	9
4,041	5	55	34	8
4,033	5	56	34	7

NUMÉROS de vitesse, POUR 4,000 MÈTRES.	DURÉE DU PARCOURS DE 4,000 MÈTRES.		ESPACE PARCOURU PAR CHAQUE SECONDE.	
	Minutes.	Secondes.	Pieds.	Pouces.
4,025	5	57	54	6
4,017	5	58	54	4
4,009	5	59	54	3
4,001	6	»	54	2

LICE DE 6,000 MÈTRES.

NUMÉROS DE VITESSE

DEPUIS LE PARCOURS EN 7 MINUTES JUSQU'AU PARCOURS
EN 8 MINUTES.

NUMEROS de vitesse, POUR 6,000 MÈTRES.	DURÉE DU PARCOURS DE 6,000 MÈTRES.		ESPACE PARCOURU PAR CHAQUE SECONDE.	
	Minutes.	Secondes.	Pieds.	Pouces.
6.479	7	»	43	10
6,471	7	1	43	9
6,463	7	2	43	8
6,455	7	5	43	6
6,447	7	4	43	5
6,439	7	5	43	4
6,431	7	6	43	3
6,423	7	7	43	1
6,417	7	8	43	»
6,409	7	9	42	11

NUMÉROS de vîtesse POUR 6,000 MÈTRES.	DURÉE DU PARCOURS DE 6,000 MÈTRES.		ESPACE PARCOURU PAR CHAQUE SECONDE.	
	Minutes.	Secondes.	Pieds.	Pouces.
6,401	7	10	42	10
6,393	7	11	42	9
6,385	7	12	42	7
6,377	7	13	42	6
6,369	7	14	42	5
6,361	7	15	42	4
6,353	7	16	42	3
6,345	7	17	42	1
6,337	7	18	42	»
6,329	7	19	41	11
6,321	7	20	41	10
6,313	7	21	41	9
6,305	7	22	41	8
6,297	7	23	41	7
6,289	7	24	41	6
6,281	7	25	41	5
6,273	7	26	41	3
6,265	7	27	41	2
6,257	7	28	41	1
6,249	7	29		
6,241	7	30	41	»
6,233	7	31	40	10
6,227	7	32	40	9

NUMÉROS de vitesse, POUR 6,000 MÈTRES.	DURÉE DU PARCOURS DE 6,000 MÈTRES.		ESPACE PARCOURU PAR CHAQUE SECONDE.	
	Minutes.	Secondes.	Pieds.	Pouces.
6,201	7	53	40	8
6,193	7	54	40	7
6,185	7	55	40	6
6,177	7	56	40	5
6,169	7	57	40	2
6,161	7	58	40	1
6,153	7	59	40	»
6,145	7	40	39	11
6,157	7	41	39	9
6,129	7	42	59	8
6,121	7	43	59	7
6,113	7	44	59	6
6,105	7	45	59	5
6,097	7	46	39	4
6,089	7	47	39	5
6,081	7	48	39	2
6,089	7	49	39	1
6,081	7	50	59	»
6,073	7	51	58	11
6,065	7	52	58	10
6,057	7	53	38	9
6,049	7	54	38	8
6,041	7	55	38	7

NUMÉROS de vitesse, POUR 6,000 MÈTRES.	DUREE DU PARCOURS DE 6,000 MÈTRES.		ESPACE PARCOURU PAR CHAQUE SECONDE.	
	Minutes.	Secondes.	Pieds.	Pouces.
6,033	7	56	58	»
6,025	7	57	58	6
6,017	7	58	58	5
6,009	7	59	58	4
6,001	8	»	58	5

APPLICATION

DES BASES DU RÉGULATEUR

A QUELQUES-UNES DES COURSES QUI ONT EU LIEU EN FRANCE,
PRINCIPALEMENT CETTE ANNÉE.

Les rapprochemens que je vais présenter auront le double avantage d'assigner les n^{os} de vitesse de chevaux qui ont concouru cette année aux prix des départemens, et de tracer la marche que devront suivre les personnes qui voudraient remplir *les cadres* de leur régulateur.

COURSIERS

DEVANT FIGURER DANS LA LICE N° 1er, DE 1,500 MÈTRES.

N'offrant pour l'instant qu'un extrait du grand ensemble que je publierai plus tard, je ne comprendrai dans ce tableau que *l'Éclipse*, ayant pour n^o de vitesse le nombre 1,417.

Cet isolement devra servir d'indice de son immense supériorité.

On pourra peut-être, par suite, remplir successivement ce tableau : ce sera difficile; mais espérons au moins que ce ne sera pas impossible.

3

COURSIERS

DEVANT FIGURER DANS LA LICE N° 2, DE 2,000 MÈTRES.

FIGARO,

APPARTENANT A MM. DEHERAIN ET MÉNARD.

COURSES DE SAINT-BRIEUC.

LICE DE 2,000 MÈTRES.

Durée du parcours :

2 minutes, 54 ⅗ secondes.

N° de vitesse, avec indication de la série de la lice,

2,045.

N° de vitesse *comparative* avec les parcours de la même lice,

45.

Parcours par seconde :

28 pieds, 1 pouce.

COSSOLINA,

APPARTENANTE A M. SUCHEY.

COURSES DE L'ORNE.

LICE DE 2,000 MÈTRES.

Durée du parcours :
2 minutes, 45 secondes.

N⁰ de vitesse, avec indication de la série de la lice,
2,121.

N⁰ de vitesse *comparative* avec les parcours de la même lice,
121.

Parcours par seconde :
29 pieds, 6 pouces.

LISETTE,

APPARTENANTE A M. DE LAROQUE.

COURSES DE L'ORNE.

1828.

Durée du parcours :
2 minutes, 45 secondes.

No de vitesse , avec indication de la série de la lice,

2,121.

No de vitesse *comparative* avec les parcours de la même lice,

121.

Parcours par seconde :

29 pieds, 6 pouces.

CAPRICIEUX,

APPARTENANT A M. MARZAIN.

COURSES DE SAINT-BRIEUC.

LICE DE 2,000 MÈTRES.

Durée du parcours :

2 minutes, 45 secondes.

No de vitesse, avec indication de la série de la lice ,

2,121.

No de vitesse *comparative* avec les parcours de la même lice ,

121.

Parcours par seconde :

29 pieds, 6 pouces.

PAULINE,

APPARTENANTE A M. LECOMTE.

COURSES DE L'ORNE.

1828.

LICE DE 2,000 MÈTRES.

Durée du parcours,

2 minutes, 44 secondes.

N⁰ de vitesse, avec indication de la série de la lice,

2,129.

N⁰ de vitesse *comparative* avec les parcours de la même lice,

129.

Parcours par seconde :

29 pieds, 8 pouces.

SNAIL,

APPARTENANT A MM. VAUQUELIN ET DAUPLEY.

—

COURSES DE L'ORNE.

LICE DE 2,000 MÈTRES.

Durée du parcours :

2 minutes, 45 secondes.

═══════════

Nº de vitesse, avec indication de la série de la lice,

2,121.

══════

Nº de vitesse *comparative* avec les parcours de la même lice,

121.

══════

Parcours par seconde :

29 pieds, 6 pouces.

——

ZAIRE,

APPARTENANTE A M. LE COMTE DE NARBONNE.

—

COURSES DE L'ORNE.

LICE DE 2,000 MÈTRES.

Durée du parcours :
2 minutes, 42 secondes.

N° de vitesse, avec indication de la série de la lice ,

2,145.

N° de vitesse *comparative* avec les parcours de la même lice,

145.

Parcours par seconde :

50 pieds, » pouces.

ISARA,

APPARTENANTE A M. LE COMTE DE NARBONNE.

COURSES DE L'ORNE.

1828.

LICE DE 2,000 MÈTRES.

Durée du parcours :

2 minutes, 42 secondes.

N° de vitesse, avec indication de la série de la lice,

2,145.

N° de vitesse *comparative* avec les parcours de la même lice,

145.

Parcours par seconde :

50 pieds, 11 pouces.

ROMÉO,

APPARTENANT A M. SUCHEY.

COURSES DE L'ORNE.

1828.

LICE DE 2,000 MÈTRES.

Durée du parcours :

2 minutes, 42 secondes.

No de vitesse, avec indication de la série de la lice,

2,145.

No de vitesse *comparative* avec les parcours de la même lice,

145.

Parcours par seconde :

50 pieds, » pouces.

LIMAÇON,

APPARTENANT A M. LECOMTE.

—

COURSES DE L'ORNE,

LICE DE 2,000 MÈTRES.

Durée du parcours :

2 minutes, 58 secondes.

N⁰ de vitesse, avec indication de la série de la lice,

2,177.

N⁰ de vitesse *comparative* avec les parcours de la même lice,

177.

Parcours par seconde :

50 pieds, 8 pouces.

—

BERGÈRE,

APPARTENANTE A M. DE LAROQUE.

—

COURSES DE L'ORNE.

LICE DE 2,000 MÈTRES.

Durée du parcours :

28 minutes, 58 secondes.

N° de vitesse, avec indication de la série de la lice,

2,177.

N° de vitesse *comparative* avec les parcours de la même lice,

177.

Parcours par seconde :

50 pieds, 8 pouces.

SNAIL,

APPARTENANT A MM. VAUQUELIN ET DAUPLEY.

COURSES DE L'ORNE.

LICE DE 2,000 MÈTRES.

Durée du parcours :

2 minutes, 55 secondes.

N° de vitesse, avec indication de la série de la lice,

2,201.

N° de vitesse *comparative* avec les parcours de la même lice,

201.

Parcours par seconde :

51 pieds, 5 pouces.

ZAIRE ,

APPARTENANTE A M. LE COMTE DE NARBONNE.

COURSES DE L'ORNE.

LICE DE 2,000 MÈTRES.

Durée du parcours :

2 minutes 55 secondes.

Nᵒ de vitesse, avec indication de la série de la lice ,

2,201.

Nᵒ de vitesse *comparative* avec les parcours de la même lice,

201.

Parcours par seconde :

51 pieds, 5 pouces.

PAULINE,

APPARTENANTE A M. LECOMTE.

—

COURSES DE L'ORNE,

1828.

—

LICE DE 2,000 mètres.

Durée du parcours :

2 minutes, 34 secondes.

Nº de vitesse, avec indication de la série de la lice,

2,209.

Nº de vitesse *comparative* avec les parcours de la même lice,

209.

Parcours par seconde :

31 pieds, 7 pouces.

ZAIBÉ,

APPARTENANTE A M. FRAWENBERG.

—

COURSES DE NANCY.

LICE DE 2,000 MÈTRES.

Durée du parcours :

2 minutes, 54 secondes.

N⁰ de vitesse, avec indication de la série de la lice,

2,209.

N⁰ de vitesse *comparative* avec les parcours de la même lice,

209.

Parcours par seconde :

51 pieds, 7 pouces.

LISETTE,

APPARTENANTE A M. DE LAROQUE.

—

COURSES DE L'ORNE.

1828.

—

LICE DE 2,000 MÈTRES.

Durée du parcours :

2 minutes, 54 secondes.

No de vitesse, avec indication de la série de la lice,

2,209.

No de vitesse *comparative* des parcours de la même lice,

209.

Parcours par seconde :

51 pieds, 7 pouces.

BICHONNE,

APPARTENANTE A MM. DE LAROQUE ET CRÉMIEUX.

COURSES DE L'ORNE.

LICE DE 2,000 MÈTRES.

Durée du parcours :
2 minutes, 54 secondes.

N° de vitesse, avec indication de la série de la lice,
2,209.

N° de vitesse *comparative* avec le parcours de la même lice,
209.

Parcours par seconde :
31 pieds, 7 pouces.

MORTIMER,

APPARTENANT A M. LAVECH.

COURSES DE NANCY.

LICE DE 2,000 MÈTRES.

Durée du parcours :
2 minutes, 55 secondes.

Nᵒ de vitesse, avec indication de la série de la lice,

2,217.

Nᵒ de vitesse *comparative* avec les parcours de la même lice,

217.

Parcours par seconde :

51 pieds, 10 pouces.

—

LISETTE,

APPARTENANTE A M. DELAROQUE.

—

COURSES DE L'ORNE.

1828.

—

LICE DE 2,000 MÈTRES.

Durée du parcours :

2 minutes, 52 secondes.

Nᵒ de vitesse, avec indication de la série de la lice,

2,225.

Nᵒ de vitesse *comparative* avec les parcours de la même lice,

225.

Parcours par seconde :

32 pieds, 11 pouces.

ÉLODIE,

APPARTENANTE A M. LEDUCHAT.

COURSES DE NANCY.

LICE DE 2,000 MÈTRES.

Durée du parcours :

2 minutes, 51 secondes.

Nᵒ de vitesse, avec indication de la série de la lice,

2,255.

Nᵒ de vitesse *comparative* avec les parcours de la même lice,

255.

Parcours par seconde :

52 pieds, 4 pouces.

MALECK,

APPARTENANT A M. VIRIOT.

—

COURSES DE NANCY.

LICE DE 2,000 MÈTRES.

Durée du parcours :
2 minutes, 5o secondes.

N^o de vitesse, avec indication de la série de la lice,
2,241.

N^o de vitesse comparative avec les parcours de la même lice,
241.

Parcours par seconde :
52 pieds, 5 pouces.

—

HORTENSE,

APPARTENANTE A M. LEDUCHAT.

—

COURSES DE NANCY.

LICE DE 2,000 MÈTRES.

Durée du parcours :
2 minutes, 5o secondes.

N⁰ de vitesse, avec indication de la série de la lice,

$$2,241.$$

N⁰ de vitesse *comparative* avec les parcours de la même lice,

$$241.$$

Parcours par seconde :

52 pieds , 5 pouces.

JEANNE-D'ARC,

APPARTENANTE A M. HUSSON.

—

COURSES DE NANCY.

LICE DE 2,000 MÈTRES.

Durée du parcours :

2 minutes , 29 secondes.

N⁰ de vitesse, avec indication de la série de la lice,

$$2,249.$$

N⁰ de vitesse *comparative* avec les parcours de la même lice,

$$249.$$

Parcours par seconde :

52 pieds, 8 pouces.

HERSILIE,

APPARTENANTE A M. VIRIOT.

—

COURSES DE NANCY.

LICE DE 2,000 MÈTRES.

Durée du parcours :

2 minutes, 28 secondes.

N° de vitesse, avec indication de la série de la lice,

2,257.

N° de vitesse *comparative* avec les parcours de la même lice,

257.

Parcours par seconde :

52 pieds, 11 pouces.

BERGÈRE,

APPARTENANTE A M. DELAROQUE.

—

COURSES DE L'ORNE.

LICE DE 2,000 MÈTRES.

Durée du parcours :

2 minutes, 27 secondes.

Nᵒ de vitesse avec indication de la série de la lice,

2,265.

Nᵒ de vitesse *comparative* avec les parcours de la même lice,

265.

Parcours par seconde :

53 pieds, 1 pouce ¾

ATHOL,

APPARTENANT A M. PINARD.

—

COURSES DE NANCY.

LICE DE 2,000 MÈTRES.

Durée du parcours :

2 minutes, 26 secondes.

Nᵒ de vitesse , avec indication de la série de la lice,

2,273.

Nᵒ de vitesse *comparative* avec les parcours de la même lice,

273.

Parcours par seconde :

55 pieds , 5 pouces.

COURSIERS

DEVANT FIGURER DANS LA LICE Nᵒ 5, DE 5,000 MÈTRES.

COROTTE,

APPARTENANTE A M. PERRIN.

COURSES DE BORDEAUX.

LICE DE 5,000 MÈTRES.

Durée du parcours :

4 minutes, 44 secondes.

Nᵒ de vitesse, avec indication de la série de la lice ,

5,129.

Nº de vitesse *comparative* avec les parcours de la même lice,

129.

Parcours par seconde :

52 pieds, 6 pouces.

BAGDAL,

APPARTENANT A M. DULESLAY.

COURSES DE SAINT-BRIEUC.

LICE DE 5,000 MÈTRES.

Durée du parcours :

4 minutes , 42 secondes.

Nº de vitesse, avec indication de la série de la lice,

5,145.

Nº de vitesse *comparative* avec les parcours de la même lice,

145.

Parcours par seconde :

52 pieds, 8 pouces.

JULIE,

APPARTENANTE A M. DUPLEY PÈRE.

COURSES DE L'ORNE.

1828.

LICE DE 3,000 MÈTRES.

Durée du parcours :

4 minutes, 39 secondes.

Nᵒ de vitesse, avec indication de la série de la lice,

3,169

Nᵒ de vitesse *comparative* avec les parcours de la même lice,

169.

Parcours par seconde :

33 pieds, 1 pouce.

OURPHALY,

APPARTENANT A M. DEFFIT-DEMOMÈRES.

—

COURSES DE TARBES.

LICE DE 5,000 MÈTRES.

Durée du parcours :
4 minutes, 27 secondes.

Nº de vitesse, avec indication de la série de la lice,
5,265.

Nº de vitesse *comparative* avec les parcours de la même lice,
265.

Parcours par seconde :
54 pieds, 7 pouces.

—

YONG-ASLAN,

APPARTENANT A M. LE COMTE DE NARBONNE.

—

COURSES DE L'ORNE.

1828.

—

LICE DE 5,000 MÈTRES.

Durée du parcours :
4 minutes, 24 secondes.

Nº de vitesse, avec indication de la série de la lice,

5,289.

Nº de vitesse *comparative* avec les parcours de la même lice,

289.

Parcours par seconde :
54 pieds, 11 pouces.

CHEVRETTE,

APPARTENANTE A M. DE FAULOT.

COURSES D'AURILLAC.

LICE DE 5,000 MÈTRES.

Durée du parcours :
4 minutes, 22 secondes.

Nº de vitesse, avec indication de la série de la lice,

3,505.

Nº de vitesse *comparative* avec les parcours de la même lice,

505.

Parcours par seconde :
55 pieds, 5 pouces.

LABICHE.

APPARTENANTE A M. BENOIST.

— —

COURSES DE L'ORNE.

1828.

LICE DE 5,000 MÈTRES.

Durée du parcours :

4 minutes, 21 secondes.

N⁰ de vitesse, avec indication de la série de la lice,

5,515.

N⁰ de vitesse *comparative* avec les parcours de la même lice,

515.

Parcours par seconde :

55 pieds, 5 pouces.

OLINIA,

APPARTENANTE A M. LE COMTE DE NARBONNE.

COURSES DE L'ORNE.

LICE DE 5,000 MÈTRES.

Durée du parcours :
4 minutes, 20 secondes.

N⁰ de vitesse, avec indication de la série de la lice,
5,521.

N⁰ de vitesse *comparative* avec les parcours de la même lice ;
521.

Parcours par seconde :
55 pieds, 6 pouces.

ANCLICAN,

APPARTENANT A M. DE MARIE.

COURSES D'AURILLAC.

LICE DE 5,000 MÈTRES.

Durée du parcours :
4 minutes, 15 secondes.

N° de vitesse, avec indication de la série de la lice ,

5,564.

N° de vitesse *comparative* avec les parcours de la même lice ,

564.

Parcours par seconde :

56 pieds, **2** pouces.

FÉDOR ,

APPARTENANT A M. LECOMTE.

COURSES DE L'ORNE.

LICE DE 5,000 MÈTRES.

Durée du parcours :

4 minutes 14 secondes.

N° de vitesse, avec indication de la série de la lice ,

5,269.

N° de vitesse *comparative* avec les parcours de la même lice ,

569.

Parcours par seconde :

56 pieds, 4 pouces.

LIONCEAU,

APPARTENANT A M. LIMOUSIN-BRONDEAU.

COURSES DE BORDEAUX.

LICE DE 5,000 MÈTRES.

Durée du parcours :

4 minutes, 12 secondes.

N° de vitesse, avec indication de la série de la lice,

5,585.

N° de vitesse *comparative*, avec les parcours de la même lice,

585.

Parcours par seconde :

56 pieds, 8 pouces.

SUZANE ,

APPARTENANTE A M. LE BARON DE LA BASTIDE.

———

COURSES DE BORDEAUX.

LICE DE 5,000 MÈTRES.

Durée du parcours :

4 minutes, 10 secondes.

No de vitesse, avec indication de la série de la lice,

5,401.

No de vitesse *comparative* avec les parcours de la même lice,

401.

Parcours par secondes :

56 pieds, 11 pouces.

ATTALANTE,

APPARTENANTE A M. LE BARON DE LA BASTIDE.

——

COURSES DE BORDEAUX.

LICE DE 3,000 MÈTRES.

Durée du parcours :
4 minutes, 5 secondes.

No de vitesse, avec indication de la série de la lice,
3,441.

No de vitesse *comparative* avec les parcours de la même lice,
441.

Parcours par seconde,
57 pieds, 8 pouces.

——

COURSIÈRE,

APPARTENANTE A M. SABATIER.

——

COURSES DE TARBES.

LICE DE 3,000 MÈTRES.

Durée du parcours :
4 minutes, 4 ½ secondes.

N° de vitesse, avec indication de la série de la lice,

3,445.

N° de vitesse *comparative* dans les parcours de la même lice,

445.

Parcours par seconde :

57 pieds, 10 1/6 pouces.

RIVALE,

APPARTENANTE A M. LAFAILLE DE TRÉBOURS.

COURSES DE TARBES.

LICE DE 3,000 MÈTRES.

Durée du parcours :

4 minutes, zéro de seconde.

N° de vitesse, avec indication de la série de la lice,

3,481.

N° de vitesse *comparative* dans les parcours de la même lice,

481.

Parcours par seconde :

38 pieds, 4 pouces.

—————

COURSIERS

DEVANT FIGURER DANS LA LICE N° 4, DE 4,000 MÈTRES.

—————

STARBING,

APPARTENANT A M. GERARDIN.

Durée du parcours :

6 minutes zéro de seconde.

—————

N^o de vitesse, avec indication de la série de la lice,

4,001.

—————

N^o de vitesse *comparative* dans les parcours de la même lice,

1.

—————

Parcours par seconde :

54 pieds, 2 pouces.

—————

CIVETTE,

APPARTENANTE A M. ROIX.

—

COURSES D'AURILLAC.

LICE DE 4,000 MÈTRES.

Durée du parcours :
5 minutes, 58 secondes.

Nᵒ de vitesse, avec indication de la série de la lice,

4,017.

Durée comparative dans les parcours de la même lice.

Parcours par seconde :
54 pieds, 4 pouces.

—

ROWSER,

APPARTENANT A M. FORTET.

—

COURSES D'AURILLAC.

LICE DE 4,000 MÈTRES.

Durée du parcours :
5 minutes, 55 secondes.

Nᵒ de vitesse, avec indication de la série de la liste,

4,041.

Nᵒ de vitesse *comparative* dans les parcours de la même lice,

41.

Parcours par seconde :
54 pieds, 8 pouces.

SAPHO,

APPARTENANTE A M. MARCUS.

COURSES DE BORDEAUX.

LICE DE 4,000 MÈTRES.

Durée du parcours :
5 minutes, 55 secondes.

Nᵒ de vitesse, avec indication de la série de la lice,

4,041.

Nᵒ de vitesse *comparative* dans les parcours de la même lice,

41.

Parcours par seconde,
54 pieds, 8 pouces.

BICHE,

APPARTENANT A M. CABARRUS.

—

Lice de 4,000 mètres.

Durée du parcours :

4 minutes, 55 secondes.

N° de vitesse, avec indication de la série de la lice,

4,041.

N° de vitesse *comparative* dans les parcours de la même série,

41.

Parcours par seconde :
54 pieds, 8 pouces.

—

ROWSER,

APPARTENANT A M. FORTET.

—

COURSES D'AURILLAC.

LICE DE 4,000 MÈTRES.

Durée de parcours :
5 minutes, 54 secondes.

Nº de vitesse, avec indication de la série de la lice,

4,049.

Nº de vitesse *comparative* dans les parcours de la même lice,

49.

Parcours par seconde :

54 pieds, 9 pouces.

MIGNONNE,

APPARTENANTE A M. LEGUEN.

COURSES DE SAINT-BRIEUC.

LICE DE 4,000 MÈTRES.

Durée du parcours :

5 minutes, 52 secondes.

Nº de vitesse, avec indication de la série de la lice,

4,065.

Nº de vitesse *comparative* dans les parcours de la même lice,

65.

Parcours par seconde :

25 pieds, » pouces.

ALDFORT,

APPARTENANT A M. PIERLOT.

Durée du parcours :
5 minutes, 49 secondes.

N⁰ de vitesse, avec indication de la série de la lice,

4,089.

N⁰ de vitesse *comparative* dans les parcours de la même lice,

89.

Parcours par seconde :
55 pieds, 5 pouces.

MAMELUK,

APPARTENANT A M. LE BARON DE LA BASTIDE.

Durée du parcours :
5 minutes, 45 secondes,

N⁰ de vitesse, avec indication de la série de la lice,

4,121.

N⁰ de vitesse *comparative* dans les parcours de la même lice,

121.

Parcours par seconde :

55 pieds, 8 pouces.

COMMERTONNE,

APPARTENANTE A M. LE COMTE DE NARBONNE.

COURSES DE L'ORNE.

1828.

LICE DE 4,000 MÈTRES.

Durée du parcours :

5 minutes, 45 secondes.

Nº de vitesse, avec indication de la série de vitesse,

4,121.

Nº de vitesse *comparative* dans les parcours de la même lice,

121.

Parcours par seconde :

55 pieds, 8 pouces.

TROMPEUR.

APPARTENANT A M. LIMOUSIN BRONDEAU.

—

COURSES DE BORDEAUX.

LICE DE 4,000 MÈTRES.

Durée du parcours :

5 minutes, 45 secondes.

N° de vitesse, avec indication de la série de la lice,

4,121.

N° de vitesse *comparative* dans les parcours de la même lice,

121.

Parcours par seconde :

55 pieds, 8 pouces.

MILORD,

APPARTENANT A M. DÉZÉMERY.

COURSES DE BORDEAUX.

LICE DE 4,000 MÈTRES.

Durée du parcours :
5 minutes, 45 secondes.

N⁰ de vitesse, avec indication de la série de la liste,

4,157.

N⁰ de vitesse *comparative* dans les parcours de la même série,

157.

Parcours par seconde.
55 pieds, 10 pouces.

LUCIE,

APPARTENANTE A M. DE VENTEAUX.

LICE DE 4,000 MÈTRES.

Durée du parcours ,
5 minutes, 40 secondes.

Nº de vitesse, avec indication de la série de la lice,

4,161.

Nº de vitesse *comparative* dans les parcours de la même lice,

161.

Parcours par seconde :

56 pieds, 2 pouces.

MILORD.

APPARTENANT A M. DÉZÉMERY.

COURSES DE BORDEAUX.

LICE DE 4,000 MÈTRES.

Durée du parcours :

5 minutes, 40 secondes.

Nº de vitesse, avec indication de la série de la lice,

4,161.

Nº de vitesse *comparative* dans les parcours de la même lice,

161.

Parcours par seconde :

56 pieds, 2 pouces.

—

LA BICHE.

APPARTENANTE A M. BENOIST.

COURSES DE L'ORNE.

1828.

LICE DE 4,000 MÈTRES.

Durée du parcours :

5 minutes, 40 secondes.

N⁰ de vitesse, avec indication de la série de la lice,

4161.

N⁰ de vitesse *comparative* dans les parcours de la même lice,

161.

Parcours par seconde :

56 pieds, 2 pouces.

PALMYRE,

APPARTENANTE A M. LE COMTE DE NARBONNE.

COURSES DE L'ORNE.

LICE DE 4,000 MÈTRES.

Durée du parcours :

5 minutes, 40 secondes.

N^o de la vitesse, avec indication de la série de la lice,

4,161.

N^o de vitesse *comparative* dans les parcours de la même lice,

161.

Parcours par seconde :

56 pieds, 2 pouces.

LA BICHE,

APPARTENANTE A M. CABARRUS.

COURSES DE BORDEAUX.

LICE DE 4,000 MÈTRES.

Durée du parcours :

5 minutes, 40 secondes.

N° de vitesse, avec indication de la série de la lice ,

4,161.

N° de vitesse *comparative* dans les parcours de la même lice ,

161.

Parcours par seconde :

56 pieds , 2 pouces.

MARTINETTE ,

APPARTENANTE A M. LECOMTE.

COURSES DE L'ORNE.

1828.

LICE DE 4,000 MÈTRES.

Durée du parcours :

5 minutes , 57 secondes.

N° de vitesse, avec indication de la série de la lice ,

4,185.

N° de vitesse *comparative* dans les parcours de la même lice ,

185.

Parcours par seconde ·

56 pieds, 6 pouces.

ANTONIA,

APPARTENANTE A M. SUCHEY.

COURSES DE L'ORNE.
1828.

LICE DE **4,000** MÈTRES.

Durée du parcours :

5 minutes, 57 secondes.

Nº de vitesse, avec indication de la série de la lice,

4,185.

Nº de vitesse *comparative* dans les parcours de la même lice,

185.

Parcours par seconde ,

56 pieds , 6 pouces.

CIVETTE,

APPARTENANTE A M. ROIN.

COURSES DU CANTAL.
1828.

LICE DE **4,000** MÈTRES.

AUTRE COURSE DE **4,000** MÈTRES.

Durée du parcours :

5 minutes , 57 secondes.

N° de vitesse , avec indication de la série de la lice ,

4,185.

N° de vitesse *comparative* dans les parcours de la même lice,

185.

Parcours par seconde :

56 pieds , 6 pouces.

ZÉPHIRE ,

APPARTENANT A M. DELAROQUE.

—

COURSES DE L'ORNE.

1828.

—

LICE DE 4,000 MÈTRES.

Durée du parcours :

5 minutes , 56 secondes.

N° de vitesse, avec indication de la série de la lice ,

4,195.

N° de vitesse *comparative* dans les parcours de la même série,

195.

Parcours par seconde :

56 pieds, 7 pouces.

TAMERLAN ,

APPARTENANT A M. DUBOÉ DE TRÉBOURS.

COURSES DE TARBES.

LICE DE 4,000 MÈTRES.

Durée du parcours :

5 minutes , 55 secondes.

N° de vitesse, avec indication de la série de la lice,

4,201.

N° de vitesse *comparative* dans les parcours de la même lice,

201.

Parcours par seconde :

56 pieds , 9 pouces.

TROMPEUR ,

APPARTENANT A M. LIMOUSIN-BROUDEAU.

COURSES DE BORDEAUX.

LICE DE 4,000 MÈTRES.

SECONDE ÉPREUVE.

Durée du parcours :

5 minutes, 55 secondes.

Nº de vitesse , avec indication de la série de la lice ,

4,201.

Nº de vitesse *comparative* dans les parcours de la même série ,

201.

Parcours par seconde :

36 pieds, 9 pouces.

FORTUNÉ ,

APPARTENANT A M. LE COMTE DE NARBONNE.

COURSES DE L'ORNE.

1828.

LICE DE 4,000 MÈTRES.

Durée du parcours :

5 minutes, 55 secondes.

Nº de vitesse, avec indication de la série de la lice ,

4,201.

Nº de vitesse *comparative* dans les parcours de la même lice ,

201.

Parcours par seconde :

56 pieds , 9 pouces.

MARTINETTE ,

APPARTENANTE A M. LECOMTE.

COURSE DE L'ORNE.
1828.

—

LICE DE 4,000 MÈTRES.

Durée du parcours :

5 minutes, 54 secondes.

No de vitesse, avec indication de la série de la lice.

4,209.

No de vitesse *comparative* dans les parcours de la même lice,

209.

Parcours par seconde :

56 pieds, 10 pouces.

ZORA,

APPARTENANTE A M. HUSSON.

—

COURSES DE LA MEURTHE.

LICE DE 4,000 MÈTRES.

Durée du parcours :
5 minutes, 55 secondes.

N⁰ de vitesse, avec indication de la série de la lice ,
4,217.

N⁰ de vitesse *comparative* dans les parcours de la même lice ,
217.

Parcours par seconde :
56 pieds, 11 pouces.

———o———

ANTONIA,

APPARTENANTE A M. SOUCHEY.

—

COURSES DE L'ORNE.

LICE DE 4,000 MÈTRES.

Durée du parcours :
5 minutes, 55 secondes.

Nº de vitesse, avec indication de la série de la lice.

4,217.

Nº de vitesse *comparative* dans les parcours de la même lice,

217.

Parcours par seconde :

56 pieds, 11 pouces.

JEANNETTE ,

APPARTENANTE A MM. DÉHÉRAIN ET MÉNARD.

COURSES DE SAINT-BRIEUC.

LICE DE 4,000 MÈTRES.

Durée du parcours :

5 minutes, 52 2/5 secondes.

Nº de vitesse avec indication de la série de la lice,

4,221.

Nº de vitesse *comparative* dans les parcours de la même lice,

Parcours par seconde :

57 pieds, 1 pouce.

221.

FORTUNÉ,

APPARTENANT A M. LE COMTE DE NARBONNE.

—

COURSES DE L'ORNE.

1828.

—

LICE DE 4,000 MÈTRES.

Durée du parcours :
5 minutes, 52 secondes.

Nº de vitesse, avec indication de la série de la lice :
4,225.

Nº de vitesse *comparative* dans les parcours de la même lice ,
225.

Parcours par seconde :
37 pieds , » pouces.

GENARVON,

APPARTENANT A M. LE VICOMTE D'AURE.

COURSES DE L'ORNE.

LICE DE 4,000 MÈTRES.

Durée du parcours ,

5 minutes , 32 secondes.

N⁰ de vitesse, avec indication de la série de la lice ,

4,225.

N⁰ de vitesse *comparative* dans les parcours de la même lice ,

225.

Parcours par seconde :

37 pieds, » pouces.

ROLSTON,

APPARTENANT A M. LE BARON DE VALLEROT.

COURSES DE NANCY.

LICE DE 4,000 MÈTRES.

Durée du parcours :

5 minutes, 31 secondes.

N⁰ de vitesse, avec indication de la série de la lice,

4,233.

N⁰ de vitesse *comparative* dans les parcours de la même lice,

233.

Parcours par seconde :

57 pieds, 2 pouces.

—

KICTIE,

APPARTENANTE A M. LARECK.

—

COURSES DE NANCY.

LICE DE 4,000 MÈTRES.

Durée du parcours :

5 minutes, 51 secondes.

N⁰ de vitesse, avec indication de la série de la lice,

4,233.

N⁰ de vitesse *comparative* dans les parcours de la même lice,

233.

Parcours par seconde :

57 pieds, 2 pouces.

—

EMMA,

APPARTENANTE A M. LAROQUE.

COURSES DE L'ORNE.
LICE DE 4,000 MÈTRES.

Durée du parcours :
5 minutes, 31 secondes.

No de vitesse, avec indication de la série de la lice,

4,255.

No de vitesse *comparative* dans les parcours de la même lice,

255.

Parcours par seconde :
57 pieds, 2 pouces.

STARBING,

APPARTENANTE A M. GERARDIN.

COURSES DE LA MEURTHE.
LICE DE 4,000 MÈTRES.

Durée du parcours :
5 minutes, 50 secondes.

No de vitesse, avec indication de la série de la lice,

4,241.

N⁰ de vitesse *comparative* dans les parcours de la même lice,
241.

Parcours par seconde :
37 pieds, 4 pouces.

PAUL,

APPARTENANT A M. MILHAU.

COURSES D'AURILLAC.

LICE DE 4,000 MÈTRES.

Durée du parcours :
5 minutes, 30 secondes.

N⁰ de vitesse, avec indication de la série de la lice,
4,241.

N⁰ de vitesse *comparative* dans les parcours de la même lice,
241.

Parcours par seconde :
37 pieds, 4 pouces.

DELTA,

APPARTENANTE A M. EUGÈNE DEMURAT.

—

COURSES D'AURILLAC.

LICE DE 4,000 MÈTRES.

Durée du parcours :
5 minutes, 30 secondes.

N⁰ de vitesse, avec indication de la série de la lice,

4,241.

N⁰ de vitesse *comparative* dans les parcours de la même lice,

241.

Parcours par seconde :

37 pieds, 4 pouces.

CARINNA,

APPARTENANTE A MM. DELAROQUE ET CREMIEUX.

COURSES DE L'ORNE.

LICE DE 4,000 MÈTRES.

Durée du parcours :
5 minutes, 30 secondes.

Nº de vitesse, avec indication de la série de la lice,

4,241.

Nº de vitesse *comparative* dans les parcours de la même lice,

241.

Parcours par seconde :
37 pieds, 4 pouces.

CIRCASSIENNE,

APPARTENANTE A M. DE CASTELLANNE.

COURSES DES HAUTES-PYRÉNÉES.

LICE DE 4,000 MÈTRES.

Durée du parcours :
5 minutes, 30 secondes.

Nº de vitesse, avec indication de la série de la lice,

4,241.

Nº de vitesse *comparative* dans les parcours de la même lice,

241.

Parcours par seconde :
37 pieds, 4 pouces.

YOUNG-MILTON,

APPARTENANT A M. LE BARON SCHICKLER.

COURSES DE L'ORNE.

LICE DE 4,000 MÈTRES.

Durée du parcours :

5 minutes, 56 secondes.

N⁰ de vitesse, avec indication de la série de la lice,

4,241.

N⁰ de vitesse *comparative* dans les parcours de la même lice,

241.

Parcours par seconde :

57 pieds, 4 pouces.

WALTON,

APPARTENANT A M. LEDUCHAT.

COURSES DE NANCY.

LICE DE 4,000 MÈTRES.

Durée de parcours,

5 minutes, 28 secondes.

Nᵒ de vitesse, avec indication de la série de la lice,
4,257.

Nᵒ de vitesse *comparative* dans les parcours de la même lice,
257.

Parcours par seconde :
57 pieds, 6 pouces.

HAMLETTE,

APPARTENANTE A M. REBALLÉ D'ANCIZAC.

COURSES DE TARBES.

LICE DE 4,000 MÈTRES.

Durée de parcours,
5 minutes, 28 secondes.

Nᵒ de vitesse, avec indication de la série de la lice,
4,257.

Nᵒ de vitesse *comparative* dans les parcours de la même lice,
257.

Parcours par seconde :
57 pieds, 6 pouces.

STARBING ,

APPARTENANT A M. GERARDIN.

COURSES DE NANCY.

LICE DE 4,000 MÈTRES.

Durée de parcours,
5 minutes, 27 secondes.

No de vitesse avec indication de la série de la lice ,
4,265.

No de vitesse *comparative* dans les parcours de la même lice ,
265.

Parcours par seconde :
37 pieds, 8 pouces.

MARTINETTE ,

APPARTENANTE A M. LECOMTE.

COURSES DE L'ORNE.

1828.

LICE DE 4000 MÈTRES.

Durée du parcours,
5 minutes, 26 secondes.

Nº de vitesse, avec indication de la série de la lice,

4,275.

Nº de vitesse *comparative* dans les parcours de la même lice,

275.

Parcours par seconde :

57 pieds, 9 pouces.

YOUNG-MILTON,

APPARTENANT A M. LE COMTE KHICKLER.

COURSES DE L'ORNE.

LICE DE 4,000 MÈTRES.

Durée de parcours,

5 minutes, 26 secondes

Nº de vitesse avec indication de la série de la lice,

4,275.

Nº de vitesse *comparative* dans les parcours de la même lice,

275.

Parcours par seconde,

57 pieds, 9 pouces.

CARINNA,

APPARTENANTE A MM. LAROQUE ET CRÉMIEUX.

COURSES DE L'ORNE.

LICE DE 4,000 MÈTRES.

Durée du parcours :
5 minutes, 26 secondes.

Nº de vitesse, avec indication de la série de la lice,
4,273.

Nº de vitesse *comparative* dans les parcours de la même lice,
273.

Parcours par seconde :
57 pieds, 9 pouces.

ANGLICAN,

APPARTENANT A M. COMBEFORT.

COURSES D'AURILLAC.

LICE DE 4,000 MÈTRES.

Durée du parcours :
5 minutes, 25 secondes.

Nᵒ de vitesse, avec indication de la série de la lice,

4281.

Nᵒ de vitesse *comparative* dans les parcours de la même lice,

281.

Parcours par seconde :

57 pieds, 10 pouces.

MAMELUK,

APPARTENANT A M. LE BARON DE LA BASTIDE.

COURSES DE BORDEAUX.

LICE DE 4,000 MÈTRES.

Durée du parcours :

5 minutes, 25 secondes.

Nᵒ de vitesse, avec indication de la série de la lice,

4,281.

Nᵒ de vitesse *comparative* dans les parcours de la même lice,

281.

Parcours par seconde :

57 pieds, 10 pouces.

ALDFORT,

APPARTENANT A M. PIERLOT.

COURSES DE BORDEAUX.

LICE DE 4,000 MÈTRES.

Durée du parcours :

5 minutes, 25 secondes,

N° de vitesse, avec indication de la série de la lice,

4,281.

N° de vitesse *comparative* dans les parcours de la même lice,

281.

Parcours par seconde :

37 pieds, 10 pouces.

ZÉPHIRE,

APPARTENANTE A M. LAROQUE.

COURSES DE L'ORNE.

1828.

LICE DE 4,000 MÈTRES.

Durée du parcours :

5 minutes, 25 secondes.

Nº de vitesse, avec indication de la série de la lice,

4,281.

Nº de vitesse *comparative* dans les parcours de la même lice,

281.

Parcours par seconde :

57 pieds, 10 pouces.

CARINNA ,

APPARTENANTE A MM. LAROQUE ET CRÉMIEUX.

COURSES DE L'ORNE.

LICE DE 4,000 MÈTRES.

Durée du parcours :

5 minutes, 25 secondes.

Nº de vitesse, avec indication de la série de la lice,

4,281.

Nº de vitesse *comparative* dans les parcours de la même lice,

281.

Parcours par seconde :

57 pieds, 10 pouces.

LUCIE ,

APPARTENANTE A M. DEVENTEAUX.

COURSES DU CANTAL.

LICE DE 4,000 MÈTRES.

A UNE SECONDE ÉPREUVE.

Durée du parcours :
5 minutes, 24 secondes.

N° de vitesse, avec indication de la série de la lice,
4,289.

N° de vitesse *comparative* dans les parcours de la même lice,
289.

Parcours par seconde :
58 pieds, 0 pouces.

ATTALANTE ,

APPARTENANTE A M. LE BARON DE LA BASTIDE.

COURSES DE BORDEAUX.

LICE DE 4,000 MÈTRES.

Durée du parcours :
5 minutes, 24 secondes,

N° de vitesse, avec indication de la série de la lice,
4,289.

Nº de vitesse *comparative* dans les parcours de la même lice,

289.

Parcours par seconde :

58 pieds, 0 pouces.

ALDFORT.

DEUXIÈME ÉPREUVE.

LICE DE 4,000 MÈTRES.

Durée du parcours :

5 minutes, 24 secondes,

Nº de vitesse, avec indication de la série de la lice ,

4,289.

Nº de vitesse *comparative* dans les parcours de la même lice,

287.

Parcours par seconde :

58 pieds, 0 pouces.

CIRCASSIENNE,

APPARTENANTE A M. LE COMTE DE CASTELLANNE.

COURSES DE TARBES.

LICE DE 4,000 MÈTRES.

Durée du parcours :

5 minutes, 25 secondes.

N⁰ de vitesse, avec indication de la série de la lice,

4,297.

Parcours de vitesse comparative dans les parcours de la même lice,

297.

Parcours par seconde,

58 pieds, 1 pouce.

ZORA,

APPARTENANTE A M. HUSSON.

COURSES DE NANCY.

LICE DE 4,000 MÈTRES.

Durée du parcours,

5 minutes, 22 secondes.

N⁰ de vitesse, avec indication de la série de la lice,

4,505.

N⁰ de vitesse *comparative* dans les parcours de la même lice,

505.

Parcours par seconde :

58 pieds, 5 pouces.

LOUISE,

APPARTENANTE À M. LE COMTE MURAT DE SISTRIÈRES.

COURSES D'AURILLAC.

Lice de 4,000 mètres.

Durée de parcours :

5 minutes, 22 secondes.

N⁰ de vitesse avec indication de la série de la lice,

4,505.

N⁰ de vitesse *comparative* dans les parcours de la même lice,

505.

Parcours par seconde :

58 pieds, 5 pouces

ALDFORT,

DEUXIÈME ÉPREUVE.

Durée du parcours :

5 minutes 22 secondes.

N° de vitesse, avec indication de la série de la lice,

4,505.

N° de vitesse *comparative* dans les parcours de la même lice,

505.

Parcours par seconde :

38 pieds, 5 pouces.

CIRCASSIENNE

APPARTENANTE A M. LE COMTE DE CASTELLANNE.

COURSES DE TARBES.

LICE DE 4,000 MÈTRES.

Durée du parcours :

5 minutes 2 quarts de seconde.

N° de vitesse avec indication de la série de la lice,

4,509.

N° de vitesse *comparative* dans les parcours de la même lice,

509.

Parcours par seconde :

38 pieds, 5 1/2 pouces.

DINA.

APPARTENANTE A M. LEDUCHAT.

—

COURSES DE NANCY.

LICE DE 4,000 MÈTRES.

Durée du parcours :
5 minutes, 21 secondes.

No de vitesse, avec indication de la série de la lice,
4,515.

No de vitesse *comparative* dans les parcours de la même lice,
515.

Parcours par seconde :
58 pieds, 4 pouces.

SOPHIE.

APPARTENANTE A M. BENNETT.

—

COURSES DE BORDEAUX.

LICE DE 4,000 MÈTRES.

Durée du parcours :
5 minutes, 20 secondes.

Nᵒ de vitesse, avec indication de la série de la lice,

4,521.

Nᵒ de vitesse *comparative* dans les parcours de la même lice,

521.

Parcours par seconde :

58 pieds, 6 pouces.

PAULINE,

APPARTENANTE A M. LECOMTE.

COURSES DE L'ORNE.

LICE DE 4,000 MÈTRES.

Durée du parcours :

5 minutes, 20 secondes.

Nᵒ de vitesse, avec indication de la série de la lice,

4,521.

Nᵒ de vitesse *comparative* dans les parcours de la même série,

521.

Parcours par seconde :

58 pieds, 6 pouces.

ALDFORT,

APPARTENANT A M. PIERLOT.

COURSES DE BORDEAUX.

LICE DE 4,000 MÈTRES.

Durée du parcours :
5 minutes, 20 secondes.

Nº de vitesse, avec indication de la série de la lice,
4,521.

Nº de vitesse *comparative* dans les parcours de la même lice,
521.

Parcours par seconde :
58 pieds, 6 pouces.

FÉDOR.

APPARTENANT A M. LECOMTE.

COURSES DE L'ORNE.

LICE DE 4,000 MÈTRES.

Durée du parcours :
5 minutes, 15 secondes.

N° de vitesse, avec indication de la série de la lice,

4,561.

N° de vitesse *comparative* dans les parcours de la même lice,

561.

Parcours par seconde :
59 pieds, 1 pouce.

LOUISE ,

APPARTENANTE A M. LE COMTE MURAT DE SISTRIÈRES.

COURSES D'AURILLAC.
1828.

SECONDE ÉPREUVE.

LICE DE 4,000 MÈTRES.

Durée du parcours :
5 minutes, 19 secondes.

N° de vitesse, avec indication de la série de la lice,

4,529.

N° de vitesse *comparative* dans les parcours de la même lice,

529.

Parcours par seconde :
58 pieds, 7 pouces.

PILOTE,

APPARTENANT A M. DE ROYÈRE.

COURSES DE BORDEAUX.

LICE DE 4,000 MÈTRES.

Durée du parcours :
5 minutes, 14 secondes.

No de vitesse, avec indication de la série de la lice,
4,569.

No de vitesse *comparative* dans les parcours de la même lice,
569.

Parcours par seconde :
59 pieds, 2 pouces.

MAMELUK,

APPARTENANT A M. LE BARON DE LA BASTIDE.

COURSES DE BORDEAUX.

LICE DE 4,000 MÈTRES.

Durée du parcours :
5 minutes, 13 secondes.

Nº de vitesse, avec indication de la série de la lice,

4,577.

Nº de vitesse *comparative* dans les parcours de la même série,

577.

Parcours par seconde·

59 pieds, 4 pouces.

LOUISE,

APPARTENANTE A M. LE COMTE MURAT DE SISTRIÈRES.

COURSES D'AURILLAC.

LICE DE 4,000 MÈTRES.

Durée du parcours,

5 minutes, 12 1/2 secondes.

Nº de vitesse, avec indication de la série de la lice,

4,581.

Nº de vitesse *comparative* dans les parcours de la même lice,

581.

Parcours par seconde,

59 pieds, 4 1 2 pouces.

LUCIE,

APPARTENANTE A M. DEVENTEAUX.

COURSES D'AURILLAC.

LICE DE 4,000 MÈTRES.

Durée du parcours :

5 minutes, 12 secondes.

No de vitesse, avec indication de la série de la lice,

4,585.

No de vitesse *comparative* dans les parcours de la même lice,

585.

Parcours par seconde :

39 pieds, 5 pouces.

LOUISE,

APPARTENANTE A M. LE COMTE MURAT DE SISTRIÈRES.

COURSES DE 1828.

COURSES D'AURILLAC.

LICE DE 4,000 MÈTRES.

Durée du parcours,

No de vitesse, avec indication de la série de la lice,

4,585.

Nᵒ de vitesse *comparative* dans les parcours de la même lice,

585.

Parcours par seconde :

59 pieds, 5 pouces.

GUSTAVE,

APPARTENANT A M. FERDINAND DELAPLACE.

COURSES D'AURILLAC.

1828.

LICE DE 4,000 MÈTRES.

Durée du parcours :

5 minutes, 11 secondes.

Nᵒ de vitesse, avec indication de la série de la lice,

4,595.

Nᵒ de vitesse *comparative* dans les parcours de la même lice,

595.

Parcours par seconde :

59 pieds, 6 pouces.

FÉDOR ,

APPARTENANT A M. MORICE.

—

COURSES DE L'ORNE.

LICE DE 4,000 MÈTRES.

Durée du parcours :

5 minutes, 11 secondes.

Nº de vitesse, avec indication de la série de la lice,

4,595.

Nº de vitesse *comparative* dans les parcours de la même lice,

595.

Parcours par seconde :

59 pieds , 6 pouces.

———

FÉDOR,

SECONDE ÉPREUVE.

Durée du parcours ,

5 minutes, 9 1/2 secondes.

Nº de vitesse avec indication de la série de la lice ,

4,405.

Nᵒ de vitesse *comparative* dans les parcours de la même lice,

405.

Parcours par seconde :

59 pieds, 10 1/2 pouces.

LISETTE,

APPARTENANTE A M. DELAROQUE.

COURSES DE L'ORNE.

LICE DE 4,000 MÈTRES.

Durée du parcours,
5 minutes, 9 secondes.

Nᵒ de vitesse, avec indication de la série de la lice,

4,409.

Nᵒ de vitesse, *comparative* dans les parcours de la même lice,

409.

Parcours par seconde :

59 pieds, 10 pouces.

LISETTE,

SECONDE ÉPREUVE.

Durée du parcours,
5 minutes, 8 secondes.

Nᵒ de vitesse, avec indication de la série de la lice,
4,417.

Nᵒ de vitesse *comparative* dans les parcours de la même lice,
417.

Parcours par seconde :
59 pieds, 11 pouces.

VESTA,

APPARTENANTE A M. LE BARON DE LA BASTIDE.

COURSES DAURILLAC.

1828.

LICE DE 4,000 MÈTRES

Durée du parcours :
5 minutes, 7 secondes.

Nᵒ de vitesse, avec indication de la série de la lice,
4,425.

N⁰ de vitesse *comparative* dans les parcours de la même lice,

425.

Parcours par seconde :

40 pieds, 1 pouce.

LOUISE,

A UNE SECONDE ÉPREUVE.

Durée du parcours,

5 minutes, 0 de secondes.

N⁰ de vitesse, avec indication de la série de la lice,

4,483.

N⁰ de vitesse *comparative* dans les parcours de la même lice,

483.

Parcours par seconde :

41 pieds, 0 pouce.

RAPPROCHEMENT

DES DURÉES DU PARCOURS DE 2,000 MÈTRES, DES NUMÉROS DE
VITESSE, ET DES PARCOURS PAR SECONDE DE COURSIERS NÉS
DANS DIVERSES PARTIES DE LA FRANCE.

	Minutes.	Secondes	Numéros.	Pieds.	Pouces.
Figaro.	2	54 ³/₅	45	28	1
Cascolina. . . .	2	45	121	29	6
Lisette.	2	45	121	29	6
Capricieux. . . .	2	45	121	29	6
Suail	2	45	121	29	6
Zaïre	2	42	145	50	»
Isara	2	42	145	50	»
Roméo.	2	45	145	50	»
Limaçon	2	58	177	50	8
Bergère.	2	58	177	50	8
Snail.	2	55	201	51	5
Zaïre	2	55	201	51	5
Pauline.	2	54	209	51	7
Zailé	2	54	209	51	7
Lisette.	2	54	209	51	7
Richonne. . . .	2	54	209	51	7
Martinette. . . .	2	55	217	51	10
Lisette.	2	52	225	52	»

	Minutes.	Secondes.	Numéros.	Pieds.	Pouces.
Élodie.	2	31	225	52	4
Mameluck. . . .	2	30	241	52	5
Hortense	2	30	241	52	5
Hersilie.	2	28	257	52	11
Bergère.	2	27	265	55	11 $^1/_2$
Athol	2	26	275	55	5

RAPPROCHEMENT

DES DURÉES DU PARCOURS DE 5,000 MÈTRES, DES NUMÉROS DE VITESSE, ET DES PARCOURS PAR SECONDE, DE COURSIERS NÉS DANS DIVERSES PARTIES DE LA FRANCE.

	Minutes.	Secondes.	Numéros.	Pieds.	Pouces.
Cocotte.	4	44	129	52	6
Ragdal	4	42	145	52	8
Julie	4	59	169	55	1
Ourphaly. . . .	4	27	265	54	7
Young-Aslan. . .	4	24	289	54	11
Chevrette. . . .	4	22	505	35	5
Labiche	4	21	515	55	5
Olina. . . .	4	20	521	55	6
Anglican	4	15	261	56	2
Fédor.	4	14	569	56	4
Lionceau	4	12	585	56	8
Suzanne	4	10	401	56	11
Attalante	4	5	441	57	8
Coursière. . . .	4	4 ½	445	37	10 ½
Rivale.	4	4	481	58	4

RAPPROCHEMENT

DES DURÉES DU PARCOURS DE 4,000 MÈTRES, DES NUMÉROS DE
VITESSE, ET DES PARCOURS PAR SECONDE, DE COURSIERS NÉS
DANS DIVERSES PARTIES DE LA FRANCE.

	Minutes.	Secondes.	Numéros.	Pieds.	Pouces.
Civette	5	58	17	54	4
Owseo	5	55	41	54	8
Sapho.	5	55	41	54	8
Biche.	5	55	41	54	8
Roméo	5	54	49	54	9
Mignonne . . .	5	52	65	55	9
Aldfort	5	49	89	55	5
Mameluk. . . .	5	45	121	55	8
Cammertonne . .	5	45	121	55	8
Trompeur . . .	5	45	121	55	8
Milord	5	43	157	55	10
Lucie.	5	40	161	56	2
Milord	5	40	161	56	2
Labiche. . . .	5	40	161	56	2
Palmyre. . . .	5	40	161	56	2
Marinette. . . .	5	57	185	56	6
Antonia. . . .	5	57	185	56	6
Civette	5	57	185	56	6

	Minutes.	Secondes.	Numéros.	Pieds.	Pouces.
Zéphire	5	56	195	56	7
Tamerlan. . . .	5	55	201	56	9
Trompeur . . .	5	55	201	56	9
Fortuné. . . .	5	55	201	56	9
Martinette . . .	5	54	209	56	10
Zora.	5	55	217	56	11
Antonia. . . .	5	55	217	56	11
Jeannette. . . .	5	52 2/3	221	57	1
Fortuné. . . .	5	52	225	57	»
Glenardon . . .	5	52	225	57	»
Rolsone. . . .	5	51	255	57	2
Kictie.	5	51	255	57	2
Emma	5	51	255	57	2
Starbing. . . .	5	50	241	57	4
Paul.	5	50	241	57	4
Delta.	5	50	241	57	4
Carrinna. . . .	5	50	241	57	4
Circassienne. . .	5	50	241	57	4
Young-Milton . .	5	50	241	57	4
Walton. . . .	5	28	257	57	6
Hamlette. . . .	5	28	257	57	6
Starbing. . . .	5	27	265	57	8
Martinette . . .	5	26	275	57	9
Young-Milton . .	5	26	275	57	9
Carrinna. . . .	5	26	275	57	9
Anglican. . . .	5	25	281	57	10
Mameluk. . . .	5	25	281	57	10

	Minutes.	Secondes.	Numéros.	Pieds.	Pouces.
Aldfort	5	25	281	57	10
Zéphire	5	25	281	57	10
Carrinna. . . .	5	25	281	57	10
Lucie.	5	24	281	58	11
Attalante. . . .	5	24	289	58	»
Aldfort . . .	5	24	289	58	»
Circassienne. . .	5	25	297	58	1
Zora.	5	22	505	58	5
Louise	5	22	505	58	5
Aldfort	5	22	505	58	5
Circassienne. . .	5	21 ¼	509	58	5 ½
Emma.	5	21	515	58	4
Sophie	5	20	521	58	6
Pauline	5	20	521	58	6
Aldfort	5	20	521	58	6
Louise	5	19	529	58	7
Fédor.	5	15	561	58	1
Pilote.	5	14	569	59	2
Mameluk. . . .	5	15	577	59	4
Vesta.	5	7	425	40	«

RAPPROCHEMENT

DES COURSIERS QUI ONT REMPORTÉ DES PRIX DANS LA LICE
DE 2,000 MÈTRES.

NOMS DES COURSIERS.	NUMÉROS de VITESSE.	DURÉE DU PARCOURS DE LA LICE DE 2,000 MÈTRES.		ESPACE PARCOURU par SECONDE.	
		Minutes.	Secondes.	Pieds.	Pouces.
Athol.	273	2	26	33	5
Bergère. . . .	265	2	27	33	1 ½
Hersilie. . . .	257	2	28 ½	32	11
Jeanne-d'Arc.	249	2	29	32	8
Lisette. . . .	225	2	32	32	»
Lisette. . . .	209	2	34	31	7
Richonne. . .	209	2	34	31	7
Bergère. . . .	177	2	58	30	8
Roméo. . . .	145	2	42	30	»
Norma. . . .	155	2	45 3/5	29	9
Capricieux. .	121	2	45	29	6
Lisette. . . .	121	2	45	29	6
Roméo. . . .	121	2	45	29	6
Figaro. . . .	41	2	54 3/5	28	1

RAPPROCHEMENT

DES COURSIERS QUI ONT REMPORTÉ DES PRIX DANS LA LICE
DE 3,000 MÈTRES.

NOMS DES COURSIERS.	NUMÉROS de VITESSE.	DURÉE DU PARCOURS DE LA LICE DE 3,000 MÈTRES.		ESPACE PARCOURU par SECONDE.	
		Minutes.	Secondes.	Pieds	Pouces.
Rivale. . . .	481	4	»	83	4
Coursière. . .	445	4	4 ½	57	9
Attalante. . .	441	4	5	57	8
Mignonne. . .	441	4	5	57	8
Suzanne.. . .	401	4	10	56	11
Fédor.. . . .	369	4	14	56	2
Anglican. . .	361	4	15	56	3
Olina.	321	4	20	55	6
Labiche. . . .	315	4	21	55	5
Chevrette. . .	305	4	22	55	1
Bagdad. . . .	141	4	42	52	4

RAPPROCHEMENT

DES COURSIERS QUI ONT REMPORTÉ DES PRIX DANS LA LICE DE 4,000 MÈTRES.

NOMS DES COURSIERS.	NUMÉROS de VITESSE.	DURÉE DU PARCOURS DE LA LICE DE 4,000 MÈTRES.		ESPACE PARCOURU PAR SECONDE.	
		Minutes.	Secondes.	Pieds.	Pouces.
Vesta.	425	5	7	40	1
Lisette. . . .	417	5	8	39	11
Lisette.	409	5	9	39	10
Lucie.	577	5	12	39	4
Mamcluk. . .	569	5	15	39	2
Louise.	561	5	14	39	1
Fédor.	561	5	15	39	1
Mamcluk. . .	555	5	15	38	11
Louise. . . , .	521	5	16	38	6
Aldfort. . . .	505	5	20	38	6
Zora.	505	5	22	38	5

NOMS DES COURSIERS.	NUMEROS de VITESSE.	DURÉE DU PARCOURS DE LA LICE DE 4,000 MÈTRES.		ESPACE PARCOURU PAR SECONDE.	
		Minutes.	Secondes.	Pouces.	Pieds.
Louise.	303	5	22	58	11
Circassienne.	289	5	23 ¾	58	10
Zéphire. . . .	281	5	23	57	10
Mameluk. . .	281	5	23	57	10
Ourphaly. . .	281	5	23	57	8
Starbing. . . .	265	5	27	57	6
Hamlette . . .	257	5	28	57	4
Carrinna. . . .	241	5	50	57	4
Jeannette. . .	225	5	52 ⅖	57	»
Fortuné. . . .	225	5	52 ⅖	57	»
Fortuné. . . .	201	5	55	56	9
Zéphire. . . .	195	5	56	56	7
Civette. . . .	185	5	57	56	6
Milord. . . .	161	6	40	55	8
Trompeur. . .	121	6	45	55	6
Jeannette. . .	105	5	47	55	2
Mignonne. . .	81	5	50	55	8
Rowser. . . .	41	5	55	54	4
Civette. . . .	17	5	58	54	2
Starbing. . . .	1	5	»	54	2
Attalante. . . .	1	5	»	54	2

DES PRINCIPALES INDUCTIONS

A DÉDUIRE,

DES ÉLÉMENS COMPARÉS ENTRE EUX DE CHACUN DE CES TABLEAUX
ET DES ÉLÉMENS DE CHACUN DE CES TABLEAUX COMPARÉS
AVEC LES ÉLÉMENS DES AUTRES TABLEAUX.

La plus petite vitesse de parcours par seconde, de tous les coursiers qui ont figuré dans l'une ou l'autre des trois lices, est celle de Figaro ; il ne parcourut, par seconde, que

28 pieds, 1 pouce.

La plus grande vitesse de parcours, par seconde, de tous les coursiers qui ont figuré dans l'une ou l'autre lice, est celle de Vesta : elle parcourut, par seconde,

40 pieds, 1 pouce.

L'Éclipse parcourait par seconde

66 pieds, 8 pouces.

La vitesse de Vesta n'est donc encore que le tiers, à peine, de la vitesse de l'Éclipse, d'où il résulterait que la plus grande vitesse des productions françaises , comparée à la plus grande vitesse des productions anglaises , ne serait encore que dans le rapport de 2 à 5.

Les deux extrêmes du parcours, par seconde, dans la lice de 2,000 mètres, sont :

Pour la moindre vitesse,

FIGARO,

28 pieds, 1 pouce, par seconde.

Pour la plus grande vitesse,

ATHOL,

55 pieds, 5 pouces, par seconde.

Dans la lice des 5,000 mètres,

Pour la moindre vitesse,

COCOTTE,

52 pieds, 6 pouces, par seconde.

Pour la plus grande vitesse,

RIVALE,

58 pieds, 4 pouces, par seconde.

Dans la lice de 4,000 mètres.

Pour la moindre vitesse,

ATTALANTE,

54 pieds, 2 pouces, par seconde.

Pour la plus grande vitesse,

VESTA,

40 pieds, 1 pouce, par seconde.

La vitesse intermédiaire entre

ces deux extrêmes est, par seconde, de

54 pieds, 1 pouce.

Le chiffre de cette représentation intermédiaire n'existe pas dans la lice de 2,000 mètres.

Dans la lice de 3,000 mètres, l'expression de vitesse d'Ourphaly donne à peu près ce chiffre.

Dans la lice de 4,000 mètres, l'expression de vitesse de Civette égale à peu près ce chiffre.

Les onze premiers des vainqueurs compris dans le tableau de la lice de 4,000 mètres, ont bien certainement plus de vitesse que les neuf vainqueurs du tableau des lices de 3,000 mètres. En effet, le parcours par seconde de ces onze premiers coursiers a été plus considérable que le parcours par seconde des neuf chevaux de la lice de 3,000 mètres, et cependant le parcours de la lice des onze chevaux était de 4,000 mètres, tandis que le parcours des neuf était seulement de 3,000 mètres.

Et de même, comme le parcours par seconde, dans une lice de 4,000 mètres, a été,

Pour Zéphire, pour Mameluk et pour Ourphaly, de 27 pieds, 10 pouces par seconde, tandis que, dans une lice de 3,000 mètres, les parcours par seconde ont été moindres, on peut conclure que les trois premiers coursiers ont plus de vitesse que les sept autres.

On peut de même conclure que Starbing, Hamlette, Carinna, Jeannette et Fortuné ont plus de vitesse que Suzanne, Fédor, Anglican, la Biche et Chevrette.

Enfin, on peut conclure que Zéphire, Civette, Trompeur, Jeannette, Milord, Mignonne, Roméo, Starbing et Attalante ont plus de vitesse que Fédor, Anglican, la Biche et Chevrette.

En comparant le tableau des lices de 2,000 mètres avec le tableau des lices de 3,000 mètres, on peut conclure que Rivale, Coursière, Attalante, Suzanne, Fédor, Anglican, la Biche et Chevrette ont plus de vitesse que Athol, Bergère, Hersilie, Jeanne-d'Arc, Lisette, Richonne, Roméo, Carinna, Capricieux et Figaro.

En comparant le tableau de la lice de 4,000 mètres avec le ta-

bleau de lice de 2,000 mètres, on peut conclure que les 32 vainqueurs du tableau de la lice de 4,000 mètres ont plus de fonds que
les 10 vainqueurs du tableau de la lice de 2,000 mètres.

On peut encore conclure du rapprochement des trois tableaux de
2,000 mètres, de 3,000 mètres et de 4,000 mètres, que, sous le
point de vue de la vitesse, Figaro, quoique l'un des vainqueurs,
est le moindre des coursiers qu'ils renferment, et que Vesta est celle
qui a le plus de vitesse.

Et cependant Vesta n'est que de demi-race, et est signalée
comme telle par la déclaration du jury.

Son n° de vitesse est le nombre

425.

Et son parcours par seconde est de

40 pieds, 1 pouce.

Tandis que les chevaux qu'on signale comme de pure sang, savoir :

Bergère, Olina, Richonne, Emma, Young-Milton, Glenarvon, Gustave, Zéphire, Martinette, Roméo, Lisette, ont de
moindres parcours par seconde.

Voici le rapprochement de ces parcours.

Roméo,	50 pieds, zéro de pouce.
Bergère,	50 pieds, zéro de pouce.
Olina,	55 pieds, 6 pouces.
Zéphire,	56 pieds, 7 pouces.
Martinette,	56 pieds, 10 pouces.
Glenarvon,	57 pieds, zéro de pouce.
Emma,	57 pieds, 2 pouces.
Young-Milton,	57 pieds, 4 pouces.
Richonne,	58 pieds, 2 pouces.
Lisette,	59 pieds, 10 pouces.

Ainsi, tous ces coursiers, signalés comme étant de pur sang, ont eu une moindre vitesse que Vesta, qui n'était que de demi-sang.

Si même on compare la vitesse de ces coursiers, dits de pur sang, avec la vitesse des chevaux avoués n'être que de demi-sang, on reconnaît que presque généralement l'avantage de vitesse a été pour les coursiers de demi-sang.

On peut, d'ailleurs, remarquer qu'une partie de ces chevaux, dits de pur sang, ne sont pas sortis vainqueurs de la lice, tandis que trois coursiers, signalés comme étant nés de père français et de mère française, Attalante, Suzanne et Fortuné, ont obtenu des couronnes dans la lice de 5,000 mètres.

Il est encore juste d'ajouter que plusieurs de ces coursiers, signalés comme de pur sang, ont été distancés en luttant contre des chevaux avoués de demi-sang.

Et celui auquel on paraissait avoir le plus de confiance, Young-Milton, s'est *honteusement* arrêté à la moitié du second tour de lice de ces luttes.

Observons, d'abord, que Young-Milton, signalé comme de pur sang, avait pour origine, assure-t-on, Milton, pur sang, et Léda, jument arabe.

Glenarvon, figurant dans la même lutte, était signalé comme de pur sang, fils de Truff, pur sang, et d'Algreta, pur sang.

Voici ce qui se trouve, au sujet de cette course, dans le bien intentionné et très-zélé journal des haras.

« Cette course excitait vivement l'attention publique; on savait
» que M. le baron Schikler, l'un des plus riches amateurs de la
» capitale, et éleveur aussi distingué que désintéressé, devait faire
» paraître à cette lutte un des élèves du bel établissement d'hippi-
» que qu'il possède à Glatigny, et que M. le vicomte d'Aure, pre-
» mier écuyer du manége royal de Versailles, y amènerait aussi
» un cheval : chacun attendait donc avec impatience l'instant où
» il pourrait juger des deux coursiers annoncés.

» Young-Milton, issu de l'un des meilleurs étalons que l'An-
» gleterre ait fournis à la France depuis la restauration, et d'une
» mère arabe, est un cheval qui réunit, dans sa construction, la

» taille et la force de son père, avec la distinction et l'élégance
» des formes de sa mère ; tout chez lui indique de grands moyens. »

D'après ces descriptions, on devait penser que ce coursier devait être d'une vitesse très-supérieure à celle d'autres chevaux d'une pédigrée moins recommandable (peut-être), nés en France ; et cependant, en comparant tous les coursiers ci-dessus signalés, ayant de même parcours 4,000 mètres, et n'étant pour la plupart que de demi-sang, leur numéro de vitesse est ou supérieur ou essentiellement peu inférieur au numéro de vitesse de celle de Young-Milton.

Ce numéro de vitesse, en le déduisant de sa lutte la plus accélérée, est représenté par le nombre 275.

Et dans ce même tableau, il existe 25 coursiers dont la vitesse dépasse ce nombre ; et cependant, plus des quatre cinquièmes de ces coursiers à numéro de vitesse supérieure ne sont que de demi-sang.

La seule conséquence raisonnable à déduire, pour l'instant, de ces données, est que la qualité de sang de Young-Milton n'est pas suffisamment établie, ou que la mère arabe était dépourvue de qualités, à moins qu'on ne veuille *déraisonnablement* supposer, ce qui serait contraire à la vérité, que la filiation du sang arabe n'est pas supérieure à celle du sang français.

Je suis fondé à dire que cette conséquence serait contraire à la vérité, parce que les observations que je n'ai cessé de faire depuis plus de trente ans, m'ont convaincu qu'en général l'étalon donne principalement le sang, mais que la poulinière transmet essentiellement les qualités ; de sorte qu'on doit préjuger d'avance les résultats suivans :

1º Étalon de pur sang, ayant des qualités, accouplé avec poulinière de pur sang ayant des qualités, donne presque assurément une production ayant des qualités.

2º Étalon de pur sang, ayant peu de qualité, accouplé avec poulinière de pur sang, ayant des qualités, assure un résultat à peu près également satisfaisant.

3° Étalon de pur sang, n'ayant que peu de qualités , accouplé avec poulinière de pur sang, n'ayant pas de qualités, donne une production ayant du sang, mais rarement des qualités.

4° Étalon de pur sang, ayant peu de qualités, accouplé avec poulinière de demi-sang, ayant beaucoup de qualités, donne une production , sinon de pur sang, au moins de trois quarts, et souvent plus de sang, et ayant des qualités; souvent même des qualités supérieures, pour l'usage, à celles des productions ayant plus de sang.

5° Enfin, étalon de trois quarts de sang, ayant des qualités, accouplé avec poulinière de pur sang, ayant des qualités, donne des productions approchant du pur sang, environ trois quarts de sang, ayant des qualités, et qui souvent sont préférables, pour l'usage, à beaucoup des productions de pur sang.

Relativement aux courses de Young-Milton, voici ce qu'ajoute le *Journal des Haras :*

Dans une première épreuve s'étaient engagés Lisette, Fédor, Young-Milton, Pauline et Carinna.

Parmi ces concurrens, Young-Milton était le seul signalé comme de pur sang, les quatre autres étaient avoués n'être que de demi-sang.

« Après une heure de repos (dit le rédacteur du *Journal des Haras*), Carinna ayant été retirée, Lisette, Fédor, Pauline et
» Young-Milton rentrèrent seuls dans la lice, et partirent tous en-
» semble. On crut que cette épreuve serait d'autant plus vigou-
» reusement disputée par Young-Milton, que l'on comptait assez
» sur son fonds. Nous pensons que le chef des haras de M. Schick-
» ler, qui dirigeait le jockey de Milton, avait voulu rendre une
» troisième épreuve nécessaire, afin de mieux faire ressortir la
» supériorité de son élève.

» Pendant le premier tour, Lisette, Fédor et Pauline coururent
» constamment de fonds; Young-Milton les suivait d'abord de
» très-près, mais il ne tarda pas à donner des signes marqués de
» détresse, et il était à peine à la moitié du second tour, qu'il re-
» nonça entièrement. »

Certes, de tout ceci on ne pourrait pas conclure que la considération de qualité de sang ne doit pas être dans le choix des
coursiers un grand motif d'influence, mais au moins peut-on
conclure, en supposant que l'énonciation de la pédigrée de Young-
Milton ait été très-exacte, ou que relativement aux courses, la
pureté du sang ne peut pas être exclusivement l'indice *précurseur*
de la plus grande vitesse, ou bien que les énonciations de qualité
de sang, ont en France des causes d'erreurs réelles ; ce qui me
semble plus vraisemblable.

Il existe tant de nuances dans l'aspect des degrés de pureté de
sang ; il y a si peu de personnes ayant assez d'expérience pour
prononcer à cet égard, et il existe si peu de chevaux en France,
dont la pédigrée soit bien établie et remonte à plusieurs générations,
qu'il est bien difficile d'avoir une pleine confiance dans ces décla-
rations, en les supposant même complètement sincères.

Nos voisins, dont l'expérience est bien plus solidement établie
que la nôtre, et qui pour le commerce ont une tactique qui dépasse également la nôtre, savent très-bien que souvent des coursiers dont l'aspect indique une grande pureté de sang, donnent cependant des productions très-inférieures. Aussi, lorsque ces chevaux semblent être désirés par des étrangers, commence-t-on par
faire la simagrée de ne vouloir les abandonner à aucun prix, puis
adroitement on rabaisse l'exigence, et je crois même que, par esprit national, on finirait par payer pour qu'on voulût bien les dé-
porter. Ce n'est pas là sans doute l'un des moindres motifs pour
lesquels il entre si souvent en France de si mauvais étalons. En
arrivant, on se pavanne de sa prétendue conquête, mais bientôt
l'expérience renverse cette forfanterie ; alors il n'est plus temps
pour le reproche. Trois ou quatre années pour des Français ne
sont-elles pas une éternité ?

C'est par suite des conséquences de ces excès d'esprit national,
qu'en Angleterre dans des luttes entre des coursiers de bien pur
sang, ceux qui se trouvent dépassés même d'une faible portion de

l'encolure, se trouvent abandonnés aux acheteurs qui sur place ont le bon esprit d'en offrir un minime prix quelconque.

En allant aux courses dans ce but d'achat, et en parcourant les écuries qui alimentent les foires avant l'ouverture de ces foires, on peut espérer amener en France, à assez bon compte, des chevaux aussi bons que beaux, et pour l'usage et pour la reproduction.

Par économie ou avidité, les revendeurs de bas aloi, au lieu de suivre ces marchés, spéculent sur des chevaux qui sont refaits à la prairie à la suite de fatigue, et qu'on peut alors obtenir à très-bas prix, presque au cours de nos moindres chevaux de France. A leur arrivée, il faut soigner particulièrement ces chevaux, et les assujettir à un régime convenable et assez long ; autrement on les perd ou on ne conserve que des animaux malingres ; le moindre inconvénient est une perte de temps de service de plusieurs mois : et de là l'on conclut que les chevaux anglais sont mauvais pour le service ; même on ajoute quelques chevaux de bande pour la reproduction. Quoi qu'il en soit, assurons, parce que nous en avons l'intime conviction, que si seulement cinquante étalons anglais, bien choisis par des connaisseurs, que si, dis-je, cinquante étalons du premier ordre, bien dirigés, bien distribués, étaient partagés dans les principaux départemens, où l'on s'occupe de l'éducation des chevaux, on verrait promptement en France des améliorations très-prononcées dans ce genre d'industrie, et on atteindrait la position désirable, de ne plus être en dépendance, dans cette circonstance, d'aucune autre nation.

J'ai conçu à ce sujet un plan d'organisation qui atteindrait bien sûrement et bien promptement le but que se propose le gouvernement, et qui cependant diminuerait de près des deux tiers le budget de l'administration des haras. Je ne tarderai pas à publier ce travail, quoique le feu ait consumé la plus grande partie de mes minutes y relatives.

En parcourant le tableau de la lice de 2,000 mètres, on trouve des coursiers qui ont le même n° de vîtesse, et que dès-lors on pourrait conséquemment engager dans des luttes extrêmes.

Coscolina, Lisette, le Capricieux et Snail, ont pour n⁰ de vitesse le nombre

121.

Et pour leur parcours par seconde :

29 pieds, 6 pouces.

Zaïre, Zora, Roméo, ont pour n⁰ de vitesse le nombre

145.

Et pour leur parcours par seconde :

50 pieds.

Limaçon et Bergère ont pour n⁰ de vitesse le nombre

177.

Et pour leur parcours par seconde :

50 pieds, 8 pouces

Pauline, Zaibé, Lisette et Richonne, ont pour n⁰ de vitesse le nombre

209.

Et pour leur parcours par seconde :

51 pieds, 7 pouces.

Mameluk et Hortense ont pour n° de vitesse le nombre

241.

Et pour leur parcours par seconde :
52 pieds, 5 pouces.

Et de même, dans la lice de 4,000 mètres, on trouve des n°s de vitesse qui se correspondent, et qui donneraient le moyen d'engager des paris *consciencieux*.

Rowsen , Sapho et la Biche ont pour n° de vitesse le nombre

41.

Et pour leurs parcours par seconde :
24 pieds 4 pouces.

Mameluk et Commertonne ont pour n° de vitesse le nombre

121.

Et pour leur parcours par seconde :
55 pieds, 8 pouces.

Lucie, Milord , La Biche, Palmyre , ont pour leur n° de vitesse le nombre

185.

Et pour leur parcours par seconde :
36 pieds 42 pouces.

Enfin Tamerlan et Trompeur ont pour leur n° de vitesse le nombre

201.

Et pour leur parcours par seconde :

56 pieds, 9 pouces.

On peut encore de ces tableaux déduire, pour ceux qui y ont figuré deux fois, le plus ou le moins de constance de leur allure.

Dans la lice de 2,000 mètres, Snail a couru deux fois.

A la première, son parcours par seconde était de

29 pieds, 60 pouces.

A la seconde, son parcours par seconde était de

51 pieds, 5 pouces.

Dans la lice de 2,000 mètres, Bergère a couru deux fois.

A la première, son parcours par seconde était de

50 pieds, 8 pouces.

A la seconde, son parcours par seconde était de

55 pieds, 5 pouces.

Dans la lice de 2,000 mètres, Zaïre a couru deux fois.

A la première, son parcours par seconde était de

50 pieds.

A la seconde, son parcours par seconde était de

55 pieds, 5 pouces.

Dans la lice de 2,000 mètres, Lisette a couru trois fois.

A la première, son parcours par seconde était de

29 pieds, 6 pouces.

A la seconde, son parcours par seconde était de

51 pieds, 7 pouces.

A la troisième enfin, son parcours par seconde était de

55 pieds , 1 pouce 1/2.

Cette bête est conséquemment celle qui présenterait le moins de certitude dans les combinaisons des engagemens de paris.

Dans la lice de 5,000 mètres, il n'y a pas de coursiers qui aient couru deux fois.

Dans la lice de 4,000 mètres, les récidives de luttes du même coursier sont nombreuses.

Rowser a couru deux fois.

A la première, son n° de vitesse était exprimé par le nombre

41.

Et son parcours par seconde était de

54 pieds, 8 pouces.

A la seconde, son n° de vitesse était exprimé par le nombre

49.

Et son parcours par seconde était de

54 pieds, 9 pouces.

Milord a couru deux fois.

A la première , son n° de vitesse était exprimé par le nombre

157.

Et son parcours par seconde était de

55 pieds, 10 pouces.

A la seconde, son n° de vitesse était exprimé par le nombre

161.

Et son parcours par seconde était de

56 pieds, 2 pouces.

La Biche a couru deux fois.

A la première, son n⁰ de vitesse était le nombre

41.

Et son parcours par seconde était de

54 pieds, 8 pouces.

A la seconde, son n⁰ de vitesse devait être exprimé par le nombre

161.

Et son parcours par seconde était de

56 pieds, 2 pouces.

Civette a couru deux fois.

A la première, son n⁰ de vitesse devait être exprimé par le nombre

1.

Et son parcours par seconde était de

54 pieds, 2 pouces.

A la seconde, son n⁰ de vitesse devait être exprimé par le nombre

185.

Et son parcours par seconde était de

56 pieds, 6 pouces.

Trompeur a couru deux fois.

A la première, son n⁰ de vitesse devait être exprimé par le nombre

121.

Et son parcours par seconde était de
55 pieds, 8 pouces.

A la seconde, son n° de vitesse devait être exprimé par le nombre
201.

Et son parcours par seconde était de
56 pieds, 9 pouces.

Antonia a couru deux fois.

A la première, son n° de vitesse devait être exprimé par le nombre
185.

Et son parcours par seconde était de
56 pieds, 6 pouces.

A la seconde, son n° de vitesse devait être exprimé par le nombre
217.

Et son parcours par seconde était de
36 pieds, 11 pouces.

Fortuné a couru deux fois.

A la première, son n° de vitesse devait être exprimé par le nombre
201.

Et son parcours par seconde était de
56 pieds, 9 pouces.

A la seconde, son n° de vitesse devait être exprimé par le nombre
225.

Et son parcours par seconde était de

55 pieds.

Starling a couru deux fois.

A la première, son n[o] de vitesse devait être exprimé par le nombre

241.

Et son parcours par seconde était de

57 pieds, 4 pouces.

A la seconde, son n[o] de vitesse devait être exprimé par le nombre

265.

Et son parcours par seconde était de

57 pieds, 8 pouces.

Martinette a couru deux fois.

A la première, son n[o] de vitesse devait être exprimé par le nombre

209.

Et son parcours par seconde était de

56 pieds, 10 pouces.

A la seconde, son n[o] de vitesse devait être exprimé par le nombre

275.

Et son parcours par seconde était de

37 pieds, 9 pouces.

Young-Milton a couru trois fois.

A la première, son n[o] de vitesse devait être exprimé par le nombre

241.

Et son parcours par seconde était de

37 pieds, 4 pouces.

A la seconde, son n° de vitesse devait être exprimé par le nombre

275.

Et son parcours par seconde était de

47 pieds, 9 pouces.

A la troisième, il s'est arrêté à la moitié du second tour de la lice,

et dès-lors a cessé de courir.

Carinna a couru trois fois.

A la première, son n° de vitesse devait être exprimé par le nombre

241.

Et son parcours par seconde était de

57 pieds, 4 pouces.

A la seconde, son n° de vitesse devait être exprimé par le nombre

273.

Et son parcours par seconde était de

57 pieds, 9 pouces.

A la troisième, son n° de vitesse devait être exprimé par le nombre

281.

Et son parcours par seconde était de

58 pieds.

Mameluk a couru trois fois.

A la première, son n⁰ de vitesse devait être exprimé par le nombre

121.

Et son parcours par seconde était de

37 pieds, 10 pouces.

A la troisième, son n⁰ de vitesse devait être exprimé par le nombre

570.

Et son parcours par seconde était de

59 pieds, 4 pouces.

Circassienne a couru deux fois.

A la première, son n⁰ de vitesse devait être exprimé par le nombre

241.

Et son parcours par seconde était de

57 pieds, 4 pouces.

A la seconde, son n⁰ de vitesse devait être exprimé par le nombre

297.

Et son parcours par seconde était de

58 pieds, 1 pouce.

Anna a couru deux fois.

A la première, son n⁰ de vitesse devait être exprimé par le nombre

255.

Et son parcours par seconde était de

57 pieds, 2 pouces.

A la seconde , son n⁰ de vitesse devait être exprimé par le nombre

515.

Et son parcours par seconde était de
58 pieds , 4 pouces.

Lucie a couru deux fois.

A la première , son n⁰ de vitesse devait être exprimé par le nombre

161.

Et son parcours par seconde était de
36 pieds , 2 pouces.

A la seconde , son n⁰ de vitesse devait être exprimé par le nombre

281.

Et son parcours par seconde était de
58 pieds.

Louise a couru deux fois.

A la première, son n⁰ de vitesse devait être exprimé par le nombre

503.

Et son parcours par seconde était de
58 pieds , 4 pouces.

A la seconde, son n⁰ de vitesse devait être exprimé par le nombre

529.

Et son parcours par seconde était de
58 pieds , 7 pouces.

Aldfort a couru quatre fois.

A la première, son n° de vitesse devait être exprimé par le nombre

281.

Et son parcours par seconde était de

57 pieds 10 pouces.

A la seconde, son n° de vitesse devait être exprimé par le nombre

289.

Et son parcours par seconde était de

58 pieds.

A la troisième, son n° de vitesse devait être exprimé par le nombre

503.

Et son parcours par seconde était de

58 pieds, 5 pouces.

A la quatrième, son n° de vitesse devait être exprimé par le nombre

524.

Et son parcours par seconde était de

58 pieds, 6 pouces.

Si, pour chaque coursier, on compare les différences entre la durée des parcours des deux courses, on trouve les résultats suivans :

	Pieds.	Pouces.
Civette	2	4
Mameluck.	2	2
Biche	1	2
Carinna	1	1
Trompeur	»	11

	Pieds.	Pouces.
Martinette.	»	9
Antonia, Fortuné, Carrina .	»	5
Milord, Starbing.	»	4
Younq-milton: Louise, Aldfort.	»	3
Rowser	»	1

Ainsi il existe une assez grande différence dans l'espace des parcours par seconde, entre deux courses de Civette, Mameluk, Biche, Carinna et Trompeur, pour qu'on puisse les ranger dans la catégorie des coursiers qui n'ont pas une allure *constante*.

Quant à Martinette, à Antonia, à Fortuné, à Milord, à Starling, à Young-Milton, à Louise, à Aldfort et à Rowser, on peut les ranger dans la catégorie des chevaux à allure à peu près *constante*.

Toutes les autres circonstances étant égales, les coursiers à allure constante présentent plus de *stabilité* de données d'engagement de paris que les autres coursiers.

On doit remarquer avec plaisir que, dans les 58 prix qui ont été accordés, il y en 23 qui ont été gagnés par des jumens, et 15 seulement par des chevaux.

Cette disproportion me semble d'autant plus satisfaisante, que je suis convaincu que ce qui nous manque principalement en France, ce sont d'*excellentes* poulinières.

Avec du temps et suffisamment d'argent, nous aurons toujours de bons étalons, convenants pour le but que nous voulons atteindre.

Nous ne réunirons pas aussi facilement d'excellentes poulinières convenantes.

C'est pour cela que les propriétaires qui s'attachent moins à l'intérêt qu'au succès de leurs efforts, sont plus flattés de la naissance d'une pouliche que de celle d'un poulain, et qu'ils paieraient bien plus chèrement, si cela était nécessaire, une poulinière convenable qu'un étalon convenable, à moins que la race de celui-ci ne soit tellement *remarquable*, qu'on puisse le regarder comme une base *fondamentale* de l'établissement.

La comparaison des n^os de vitesse des coursiers de la lice de 5,000 mètres confirme encore la proposition que nous avons ci-dessus établie, relativement à l'influence de la vitesse sur ce qu'en France on qualifie de pur sang.

Dans le département de l'Orne est né un coursier nommé Olina, qu'on dit être de pur sang.

Il parcourt 5,000 mètres en

4 minutes 20 secondes.

Dans le département de la Gironde est né un coursier nommé Atalante, qu'on assure être issu de père français et de mère française.

Ce coursier parcourt 5,000 mètres en

4 minutes 5 secondes.

Ici c'est la nullité de sang qui l'emporte en vitesse sur le pur sang.

DES AMÉLIORATIONS

DÉSIRABLES,

RELATIVEMENT AUX COURSES.

Une donnée à laquelle on a toujours paru *aspirer*, et pour l'accomplissement de laquelle on a cependant toujours négligé ce qui pouvait faire atteindre ce but, est d'apprécier *comparativement*, au moins sous le point de vue de la vitesse, la valeur réelle des productions de chacun de nos départemens.

Les uns estiment davantage les productions du Limousin; d'autres celles de la Normandie; d'autres celles du nord; d'autres enfin celles du midi.

Mais ces opinions sont bien plutôt fondées sur des théories fausses et trompeuses, que sur des faits réels.

On pourrait, en partie du moins, atteindre ce but, en établissant à Paris des courses de *centralisation*, auxquelles devraient concourir les plus *célères* des coursiers des départemens dans chacune de leurs lices.

Ainsi dans le département où il y aurait eu trois prix accordés à des coursiers de la lice de 2,000 mètres, on enverrait à Paris celui de ces trois coursiers dont le parcours par seconde serait le plus considérable ; et de même pour le vainqueur des courses de 5,000 mètres et de 4,000 mètres.

Tous ces chevaux de choix devraient courir entre eux à Paris, et y disputer un prix qui serait fondé à cet effet.

On aurait donc pour la fixation de choix relativement à la supériorité de vitesse, deux données qui, par leur concordance, écarteraient assez sûrement toute chance d'incertitude et d'erreur.

1º Le parcours par seconde dans la lutte de départemens.

2º Le même parcours dans la lutte de Paris;

Et conséquemment la fixation presque absolue de supériorité, au moins relativement au degré de vitesse; et déjà ce serait là un grand point.

Peut-être même, dans l'établissement de ces courses, pourrait-on prononcer en faveur de ceux qui resteraient vainqueurs plusieurs années de suite, une distinction *honorifique*, à laquelle on attacherait d'autant plus de prix, qu'elle serait bien légalement méritée, et qu'elle n'aurait pas été mendiée.

Dans cet espoir d'amélioration, je vais offrir la liste des chevaux qui cette année auraient dû, en supposant l'adoption de cette disposition, être envoyés à Paris.

Envoi qui aurait été à faire par le département de la Meurthe.

ATHOL,

parcourant 2,000 mètres

en 2 minutes, 26 secondes.

ET LUCIE,

parcourant 4,000 mètres

en 5 minutes, 12 secondes.

Envoi qui aurait été à faire par le département de la Gironde.

ATTALANTE,

parcourant 3,000 mètres

en 4 minutes, 5 secondes.

ET MAMELUK,

parcourant 4,000 mètres

en 5 minutes, 15 secondes.

Envoi qui aurait été à faire par le département du Cantal,

CIRCASSIENNE ,

parcourant 5,000 mètres
en 4 minutes, 5 secondes.

ET ROWSER ,

parcourant 4,000 mètres
en 5 minutes, 54 secondes.

Envoi qui aurait été à faire par le département des Hautes-
Pyrénées,

RIVALE ,

parcourant 5,000 mètres
en 4 minutes.

ET HAMLETTE ,

parcourant 4,000 mètres
en 5 minutes, 28 secondes.

Envoi qui aurait été à faire par le département des Côtes-du-Nord,

NORMA ,

parcourant 2,000 mètres
en 2 minutes, 45 3/5 secondes.

Envoi qui aurait été à faire par le département de l'Orne,

BERGÈRE ,

parcourant 2,000 mètres
en 2 minutes 27 secondes.

OLINA ,

parcourant 5,000 mètres
en 4 minutes, 20 secondes.

FÉDOR,

parcourant 4,000 mètres
en 5 minutes, 15 secondes.

Les courses de centralisation se seraient donc trouvées composées ainsi qu'il suit :

NOMS des COURSIERS.	DÉPARTEMENS des COURSIERS.	DURÉE DU PARCOURS DE LA LICE.		ESPACE PARCOURU PAR SECONDE.	
		Minutes.	Secondes.	Pieds.	Pouces.
LICE DE 2,000 MÈTRES.					
Bergère. . . .	Orne.	2	27	55	1 ½
Norma.	Côtes-du-Nord.	2	45 ⅔	29	9
Athol.	Meurthe.	2	26	55	33
LICE DE 5,000 MÈTRES.					
Atalante. . .	Gironde.	4	5	27	8
Mignonne. .	Côtes-du-Nord.	4	5	27	8
Olina.	Orne.	4	20	55	6
Circassienne.	Cantal.	4	5	37	8
Rivale.	Hautes - Pyrén.	4	»	38	4
LICE DE 4,000 MÈTRES.					
Lucie.	Meurthe.	5	12	59	3
Mameluk. .	Gironde.	5	15	59	4
Fédor.	Orne.	5	15	59	1
Vesta.	Cantal.	5	7	40	1

D'après la nature de ces envois, voici qu'elles auraient été, dans chaque lice, les parcours *comparatifs* par seconde des courses de la lutte *centrale* de Paris.

NATURE.	AGE.	NOMS DES COURSIERS.	PARCOURS PAR SECONDES.		DÉPARTEMENS.
			Pieds.	Pouces.	
LICE DE 2,000 MÈTRES.					
Pur sang...	5	Norma. . .	29	9	Cte-du-Nord.
Demi sang.	5	Bergère . .	55	1 ½	Orne.
Demi sang.	5	Athol . . .	55	4	Meurthe.

D'où il résulte que la plus grande vitesse des coursiers des lices de 2,000 mètres, appartiendrait aux coursiers du département de la Meurthe.

NATURE.	AGE.	NOMS DES COURSIERS.	PARCOURS PAR SECONDE.		DÉPARTEMENS
			Pieds.	Pouces.	
LICE DE 5,000 MÈTRES.					
Demi sang.	4	Rivale. . .	58	4	Hautes-Pyr,
Père et mère. Race anglaise.	4	Circassienne.	37	8	Hantes-Pyr.
Pure sang.	4	Olina.	55	6	Orne.
Père et mère. R. française.	4	Atalante.	27	8	Ctes-du-Nord

NATURE.	AGE.	NOMS DES COURSIERS.	ESPACES PARCOURUS PAR SECONDES,		DÉPARTEMENS.
			Pieds.	Pouces.	
LICE DE 4,000 MÈTRES.					
»	»	Vesta . . .	40	1	Cantal.
Demi-sang	4	Mameluck .	59	4	Gironde.
Demi-sang	4	Lucie . . .	59	5	Meurthe.
Demi-sang	4	Fédor . . .	59	1	Orne.

D'où il résulte que la plus grande vitesse des coursiers des lices de 4,000 mètres appartiendrait aux coursiers du Cantal.

Ces assignations de vitesse comparative, seraient ou réformées ou confirmées par la lutte de centralisation, à Paris.

En cas de confirmation, la supériorité comparative de vitesse dans la lice de la course, serait proclamée comme appartenante au département victorieux.

Peut-être même pourrait-on ajouter à ces nouveaux motifs d'encouragement, une fraction assez élevée de prix, auquel le gouvernement, si cela convenait au propriétaire, sera tenu d'acheter, pour les haras, les trois coursiers qui, dans chacune des trois lices, aura été proclamé vainqueur aux luttes de centralisation, à Paris.

La récompense honorifique, dont j'ai ci-dessus parlé, pourrait encore à ce sujet servir de puissant véhicule.

Une simple coupe d'argent a suffi, depuis bien long-temps, pour exciter le zèle patriotique de nos voisins; que ne formera pas, chez nous, une récompense nationale délivrée au nom de l'État !

Il serait bien désirable que, dans tous les pays où l'on fait des courses, la durée du parcours des lices fût constatée et publiée.

S'il en était ainsi, on pourrait promptement, avec des répertoires de courses qu'on publierait *annuellement*, et qui renfermeraient tous les élémens nécessaires pour apprécier et comparer la valeur réelle des productions de chaque pays, stimuler les efforts des productions de chaque pays, et multiplier les engagemens *consciencieux* des paris spéciaux et généraux.

Si cela avait lieu, surtout en Angleterre, en Allemagne et dans les Pays-Bas, l'usage s'en établirait bientôt généralement, et les résultats *médiats* et *immédiats* des courses en deviendraient et bien plus *assurés*, et bien plus *prompts*, et bien plus *efficaces*.

Malheureusement, il existe beaucoup de pays où la durée des parcours des lices n'est pas signalée.

Dès-lors, les courses qui s'y font ne peuvent guère être considérées que comme un but d'agrément, ou, au plus, comme un but d'utilité spéciale.

En effet, on voit bien dans ces luttes, que tel cheval a eu tel jour plus de vitesse que tel autre cheval; mais on n'en pourrait nullement conclure que tel cheval, des Pays-Bas, par exemple, a plus ou moins de vitesse que tel cheval Français, ou que tel cheval Anglais.

On ne pourrait même pas, dans ce cas, établir la comparaison de vitesse de deux chevaux ayant couru sur le même terrain, à des époques différentes.

On dit généralement que les coursiers Anglais ont plus de vitesse que les chevaux Français.

Cela peut être; je le crois; j'en suis même persuadé.

Mais comment fixer cette opinion, bien ou mal assise?

Ce ne pourrait être que par des luttes en France ou en Angleterre, ou par des numéros de vitesse n'ayant pour bases que des faits matériels.

Ces derniers nous manquent.

Les luttes sont presque impossibles, avec l'exclusion qu'on donne, en France, aux chevaux étrangers.

Cependant, notre intérêt bien entendu devrait tendre, au contraire, à donner à cette permission la plus grande latitude.

Ne craignez pas de lutter avec tout le monde, sans exception et sans distinction.

Dans ce cas, la trop grande concurrence serait d'autant moins à redouter, que le peu de valeur de nos prix n'assurerait pas suffisamment la foule.

Il n'y aurait donc que l'esprit, la jalousie, la morgue nationale qui pourraient servir de *véhicule*.

Mais avec la *croyance*, peut-être assez bien fondée, d'une supériorité incontestable, ce motif d'influence serait faible.

Alors, seulement, vous pourrez apprécier les résultats de vos efforts; car autrement, surtout relativement à votre direction depuis quarante années, on pourra *contester* ces résultats, si ce n'est même les écarter, comme imaginaires ou mal fondés.

Est-il utile de faire lutter les poulains en bas âge?

Ces luttes fatiguent nécessairement ces poulains, et ont, de plus, le grave inconvénient de la nature du régime qu'il faut leur imposer.

Dans l'état de croissance où se trouvent ces poulains, il faudrait tendre à faciliter l'extension de leurs viscères, et loin de là on les resserre par une action trop tonique; quand, par suite, la croissance est arrivée à son terme, il n'y a plus de moyen de ramener les viscères aux dimensions qu'ils devraient avoir, et qui sont une condition *sine quâ non* de l'excellence des poulinières.

Au moins il faudrait, pour pouvoir raisonnablement écarter ces considérations, que le numéro de vitesse des poulains dépassât le numéro de vitesse des chevaux faits.

Or, si l'on compare les numéros de vitesse des poulains de bas âge, soumis en France à l'épreuve, avec les numéros de vitesse des chevaux faits, on reconnaît, ainsi que nous l'avons ci-dessus démontré, que la supériorité des numéros de vitesse est presque généralement du côté des chevaux d'âge.

D'où l'on doit conclure que, en France, du moins pour l'instant, les courses de poulains en bas âge, doivent être exclues du domaine de l'utilité, et doivent être reléguées uniquement dans celui de la curiosité.

Malgré cette observation, il serait toujours avantageux de conserver les courtes lices.

Au moyen d'une quantité suffisante de poteaux de mire, on pourrait, dans la même lice, en établir de 1,000 mètres, de 2,000, 3000, 4,000, 5,000 et 6,000 mètres.

On aurait ainsi le moyen de constater, non-seulement la vitesse, mais encore la constance d'allures, et le fonds, des chevaux qu'on y soumettrait à une des plus longues lices.

Il serait désirable qu'on pût établir des courses au trot, et des courses au pas.

Ces deux allures sont peut-être encore plus importantes pour l'usage, que l'extrême vitesse au galop.

Ces luttes seraient principalement utiles pour le choix des ponlinières, qui, ainsi que je l'ai sans cesse répété, assurent principalement les qualités des productions.

Si, ainsi que je le proposerais, on laissait lutter entre eux les chevaux de tous sangs, on pourrait, par le fait, résoudre cette question importante : Les chevaux de pur sang doivent-ils, généralement, avoir plus de vitesse que les chevaux de demi-sang ?

Au premier abord, on serait porté à le présumer ; cependant, les épreuves faites en France porteraient à écarter cette première pensée.

Elles démontrent, en effet, que des chevaux signalés comme étant de pur sang se trouvent cependant avoir des numéros de vitesse inférieurs aux numéros de vitesse de beaucoup de chevaux signalés comme n'étant que de demi-sang.

Qu'en conclure ? si ce n'est :

1º Que sous le point de vue de la production , les résultats des courses ne sont pas des indices certains de choix.

En effet, tout connaisseur expérimenté choisira , pour obtenir des productions , des coursiers de pur sang qui auront de moindres numéros de vitesse , à des coursiers de demi-sang , dont le numéro de vitesse sera supérieur ;

2º Que , dans les paris , le sang ne doit être qu'une des bases accessoires des combinaisons.

Toutefois , dans l'ordre raisonnable des probabilités , un sang bien constaté doit inspirer plus de confiance qu'un sang inférieur; ce qui pourrait porter à penser qu'on ne pourrait pas avoir une pleine confiance dans la pédigrée de ce qu'on signale trop souvent, en France , comme pur sang.

En général , une longue expérience m'a convaincu qu'on devait ranger les chevaux de pur sang en deux catégories.

Dans la première doivent être rangés les chevaux ayant les qualités et l'aspect. Ceux-là sont rares , et leur valeur intrinsèque est infiniment supérieure à celle des autres. Les essais faits avec discernement peuvent seuls établir le droit à occuper cette catégorie.

Dans la seconde catégorie doivent être rangés les coursiers qui ont l'aspect du sang , mais dont les qualités ne sont pas d'un ordre supérieur.

Pour les propriétaires de bons haras, le prix des coursiers de la première catégorie , peuvent , sans *folie ,* dépasser toutes les fixations habituelles.

Quant aux coursiers de la seconde catégorie , les propriétaires de bons haras ne doivent y attacher aucun prix , car ils ne pourraient que leur occasionner de l'embarras sans utilité.

Mais les mêmes coursiers qui ne peuvent être propres ni aux haras du premier rang , ni aux courses du premier ordre , sont cependant encore, pour le service usuel , généralement supérieurs aux chevaux de sang inférieur; et voilà pourquoi la masse des chevaux usuels , en Angleterre , a tant de supériorité , et pourquoi, je le répète, l'établissement des courses est si favorable à la production.

Pour obtenir un coursier digne d'être dans la première catégorie, il faut souvent produire 100 élèves, et plus, dont 99 ne peuvent être rangés que dans la seconde catégorie, et ces derniers refluent nécessairement dans le commerce usuel, et sous ce rapport contribuent à la prospérité de l'état bien plus encore que les coursiers de la première catégorie.

Déjà, par suite de réclamations et d'observations presque générales, il a été apporté des modifications importantes aux poids imposés suivant les âges et suivant les tailles ; néanmoins il y aurait encore à désirer à ce sujet.

En général, pour la vitesse de la course, ce n'est pas, uniquement la force musculaire qu'il faut considérer. La vitalité doit entrer pour beaucoup dans cette considération. De même que chez les hommes, ceux qui jouissent d'une grande vitalité sont capables de supporter des fatigues d'une bien plus longue durée que ceux ayant plus de force musculaire ; de même aussi, parmi les chevaux, surtout parmi les chevaux de course, la vitalité fait au moins autant que la force musculaire.

Ce serait donc une grande question, assez embarrassante à résoudre, que de savoir s'il conviendrait de supprimer les fixations de poids additionnels.

Quant à moi, je partagerais cet avis, sauf à apporter dans les conditions des luttes d'autres bases bien plus directement utiles au but réel que doit se proposer l'institution des courses.

Voici encore quelques considérations de spécialité qui pourraient contribuer aux avantages devant résulter de la fixation des n^{os} de vitesse.

D'abord il serait désirable qu'au point de mire il y eût autant d'observateurs que de chevaux, afin que la vitesse de chaque coursier fût bien établie.

En effet, il ne suffit pas de connaître le n° du vainqueur, il est très-bon et très-utile de connaître également les n^{os} des concurrens ; car souvent les faibles nuances de vitesse tiennent à des circonstances accidentelles ; d'où il résulte que, relativement à deux n^{os} de vitesse très-peu distans, la fixation de valeur dépend sou-

vent principalement de l'enthousiasme et de la manie, tandis que
pour les connaisseurs expérimentés, elle est fixée par l'expérience
des antécédens, qui leur ont démontré que, relativement aux productions, de faibles supériorités dans les n^os de vitesse ne sont
pas des bases qu'on puisse considérer comme absolues, d'autant
plus que, ainsi que je le répète,

Les étalons donnent principalement le sang, et les poulinières
bien choisies principalement les qualités.

Dans le cas où, ainsi que je viens de le proposer, on établirait
des poteaux de mire de 500 en 500 mètres, il faudrait en même
temps établir de nouveaux tableaux de 500, de 1,000 et de
5,000 mètres; je m'en chargerais.

Par suite, on aurait, pour chaque coursier, autant de n^os de vitesse
que de lice. Cela doit être ainsi, et par cette simple amélioration,
on pourrait, ce qui serait très-important, non-seulement connaître
la décroissance relative de vitesse des coursiers, mais de plus
l'ordre de cette décroissance.

Il serait également très-utile que chaque prix de poule, devant
finir par une concurrence de deux chevaux, fût divisé en quatre
parties, plus ou moins.

Trois de ces parties seraient définitivement délivrées au vainqueur le jour de la première lutte, et la quatrième partie serait délivrée au vainqueur d'une seconde lutte, qui aurait lieu à huitaine
entre les deux mêmes concurrens.

Si cette quatrième portion était encore gagnée par le même cheval, sa supériorité serait évidente;

Si elle était gagnée par le concurrent, on ne devrait pas prononcer en définitive sur le n^o réel de vitesse du premier vainqueur.

Déjà je l'ai dit dans mes précédens ouvrages, mais je dois le
redire encore, il serait très-utile d'avoir un moyen quelconque qui,
immédiatement après l'arrivée du vainqueur au but, puisse faire
connaître au public la durée du trajet de chaque concurrent, afin
que dans l'intervalle des manches les paris puissent se trouver faci-
lités par ces données; autrement la course pourrait, par beaucoup

de personnes, n'être considérées que comme un objet d'agrément, ce qui malheureusement n'a que trop souvent existé.

Au lieu de donner sur la place la récompense pécuniaire, ce qui s'éloigne quelque peu de la noblesse du caractère français, peut-être serait-il préférable de ne donner sur place au vainqueur qu'un panache qui, pendant toute la route de retour, le ferait distinguer.

Peut-être aussi serait-il convenable et profitable pour tous, de désigner une place où, à jour et à heure fixés, les vainqueurs devraient se trouver, et être livrés, pendant un temps suffisant, à l'examen des amateurs ou des connaisseurs.

Je crois devoir encore, dans l'intérêt général, ajouter ici quelques observations relativement aux *poids additionnels*. La précipitation avec laquelle a été imprimé cet ouvrage est la cause de cette *division* de texte.

Il est *incontestable* que des *additions* de poids occasionnent des *diminutions* de vitesse.

Mais quel est le rapport entre cette diminution et cette augmentation, suivant l'âge et suivant la taille?

C'est ce qu'il aurait fallu d'abord *déterminer* par l'expérience, avant d'avoir imposé *volontairement* des fixations de poids; car on conçoit que, dans un telle fixation, *l'âge, la taille,* même *l'espèce*, ne peuvent avoir de généralité que quand l'addition de poids est déduite d'expériences assez nombreuses sur les spécialités, pour pouvoir en conclure un ordre de probabilité raisonnable.

En attendant que ces recherches *difficiles* et *nombreuses* aient la *latitude* désirable, on ne pourra avoir des numéros de vitesse *absolue;* on ne pourra avoir que des numéros de vitesse relative, plus ou moins influencés par l'*arbitraire* des fixations de poids additionnels.

En effet, il existe souvent entre les fixations de poids des différences de soixante livres.

Comment pourrait-on admettre qu'une différence aussi considérable, en la supposant même très-fondée, relativement aux différences d'âge et de taille, puisse être *constamment* appliquable à tous les chevaux du même âge?

Quel rapport assuré y a-t-il réellement relativement au degré de vitesse entre la taille et le poids additionnel?

On pense, plus ou moins *justement*, que la taille doit être un motif d'influence sur le degré de vitesse, principalement parce que, dans ce cas, chaque enjambée, comprenant un plus grand espace, doit accélérer le parcours de la lice.

Mais en même temps, ne faudrait-il pas faire entrer dans cette considération le degré de *vitalité* du coursier, qui lui fait multiplier les enjambées pour un même temps donné.

Si, pour un cheval de haute taille, l'enjambée est, supposons, de douze pieds, celle d'un cheval de moindre taille n'étant que de onze pieds, il en résultera qu'à égalité de nombre d'enjambées, le parcours du premier aura, sur le parcours du second, une supériorité d'un douzième.

Mais si, en raison de la *vitalité* du cheval de moindre taille, ce coursier fait dans un temps donné treize enjambées, tandis que, dans le même temps, le cheval à plus haute taille n'en fait que douze, il en résultera que, sous ce rapport, la vitesse du coursier à moindre taille sera d'un treizième plus considérable que celle du coursier à plus haute taille, et que, en fin de compte, le cheval à moindre taille, malgré la moindre étendue d'enjambées, parcourra *comparativement*, dans un temps donné, un plus grand espace, et sera conséquemment plus célère.

Voilà ce qui arriverait nécessairement entre ces deux coursiers, hors l'influence des poids additionnels.

Mais cet équilibre se trouvera nécessairement rompu par l'addition de poids, et le coursier à plus haute taille, qui dans l'espèce aurait eu un numéro de vitesse supérieur, d'une quantité faible, à la vérité, au coursier de moindre taille, se trouvera avoir comparativement, avec addition de poids, un numéro de vitesse inférieur, et *vice versâ*, dans le cas de renversement des suppositions.

Toutefois admettons même deux coursiers de même taille, de

même âge et de même espèce, ils auront à supporter le même poids additionnel; mais croira - t - on, par cela seul, je ne dis pas établir pour chacun d'eux des numéros de vitesse absolue, ce qui est impossible avec addition quelconque de poids, mais seulement des numéros de vitesse *relative ?*

Certainement non.

Non : par cela seul qu'on ne fera pas entrer en ligne de compte la *vitalité,* qui, même à égalité de sang, doit toujours être *variable,* par la *spécialité.*

Celui des deux coursiers qui aura le plus de *vitalité* aura, dans ce cas, un n° de vitesse *comparative* plus élevé.

Et comment pourrait-on appliquer ce n° à d'autres cas non comparables dans l'ensemble des influences?

A cet égard, on n'aurait aucune donnée fixe; et, soit qu'on change les poids, soit qu'on supprime parité d'âge et de taille, le n° de vitesse absolu devrait être différent: le n° déterminé avec addition de poids ne pourrait avoir d'utilité que dans le cas de *spécialité.*

Allons plus loin, et recherchons quelle peut être l'utilité des poids additionnels sous le rapport de la considération principale des courses.

Supposera-t-on que cette considération est de choisir pour la *reproduction* le coursier le plus célère?

Sans tirer à conséquence sur cette considération, j'y consens.

Mais qui me dira qu'un coursier portant 160 livres, et ayant, par suite de cette addition, moins de célérité que le coursier à poids moins considérable, n'aura pas cependant une plus grande vitesse absolue, et ne sera pas par cela seul plus convenable à la reproduction?

Sans avoir égard à cette vitesse purement relative, bien certainement le propriétaire expérimenté de haras donnera la préférence à la plus grande pureté de sang, sans égard au n° de vitesse de spécialité.

En effet, si, ce qui n'est pas mon opinion, on croyait que le n° de vitesse supérieure dût, pour la reproduction, obtenir la préférence, on devrait commencer par établir la vitesse *absolue* des deux étalons passibles du choix, sans s'embarrasser de leur n° de vitesse *relative*.

A cet effet, on devrait les faire courir, soit *isolément*, soit *en commun*, avec des jockeys *égaux* en poids, mais le *moins* pesants possible.

Alors, du moins, aurait-on quelque chose de fixe.

Supposons même, ce que je ne crois pas davantage, que la vitesse se transmette *infailliblement*, et qu'ainsi le n° de vitesse d'un poulain doive être le même que celui de son père ; et admettons que, sans poids additionnel, le n° de vitesse de ce père soit exprimé par le nombre 420, et qu'avec poids ce n° de vitesse ne soit exprimé que par le nombre 350 ;

Préjugerait-on que le n° de vitesse de ce poulain devrait approcher davantage du nombre 420 que du nombre 350 ?

Certes toute prophétie à ce sujet ne serait *assimilable* qu'aux *jeux de hasard*.

Si donc les courses sont considérées sous l'aspect de vitesse transmissible dans la reproduction, il importerait uniquement de connaître les vitesses absolues.

Si ces courses ne sont considérées que comme des objets d'agrément, la fixation de ce n° de vitesse absolue serait encore la seule qui importerait.

Si enfin on n'avait en vue que des fixations relatives de *spécialité* entre deux coursiers *présens*, la fixation n'aurait qu'un résultat à peu près nul, parce qu'elle ne pourrait être applicable qu'au cas particulier de la lutte, et qu'elle ne pourrait s'étendre dans son application qu'autant qu'on aurait établi *préalablement* par *expérience* l'*influence* de poids pour la combinaison de l'*âge* et de la *taille*.

Il serait encore désirable, pour éloigner de nous toute illusion *dangereuse*, qu'à la terminaison des courses, la lice restât encore *ouverte* pendant une huitaine de jours, temps pendant lequel les chevaux qui n'auraient pu être admis au concours auraient le droit de *défier publiquement* les vainqueurs, qui, en ramassant le gant, auraient, de leur côté, le droit de se restreindre au *défi d'honneur*.

Craindrait-on, en acceptant ce défi, de compromettre une partie des avantages dont on serait déjà en possession?

On devrait d'autant moins le supposer, que ceux qui seraient susceptibles d'une telle crainte prouveraient trop évidemment que les revers d'aucun genre ne les ont pas encore familiarisés avec ces deux vérités :

Qui ne risque rien n'a rien.

En voulant tout conserver, on peut finir par tout perdre.

Sans doute alors, mieux servis par leur bonne étoile, en s'élançant dans la lice, ils s'écrieraient :

Pour espérer vaincre, il ne faut pas craindre de la botte.

Les sommes accordées pour les courses sont insuffisantes : elles ne s'élèvent qu'à 52,000 fr., et cependant dans la discussion du budget de 1821, on proposait de supprimer cette allocation.

Si Ésope dirigeait ma plume, il dirait à ce sujet, avec bien plus d'esprit sans doute que je ne puis le faire :

Un médecin expérimenté proposait, dans un état de convalescence, des *bouillons succulens*. La ménagère, par économie, supprima l'eau de rivière, qui coûtait de faibles frais de transport, et se servit d'une eau de source très-ferrugineuse, qu'on pouvait, sans frais, se procurer dans la propriété. Au bout de bien peu de temps, l'astringence de cette eau produisit des resserremens, des engorgemens, de l'apathie, de l'affaissement, de la paralysie, et toutes les maux qui accompagnent ces causes d'anéantissement.

Une parcimonie mal entendue peut devenir le germe de détérioration.

Il serait convenant que le pavillon royal se trouvât précisément en face du point de *mire*, au-dessus du pavillon du jury, qui, à

cet effet, serait baissé de quelques pieds, et aurait une issue par-
ticulière et distincte.

De cette manière, et au moyen d'autres dispositions particulières,
ce pavillon royal ne serait offusqué par quoi que ce soit, et le roi,
ou les membres de la famille royale, serait le juge suprême qui,
bien en connaissance de cause, prononcerait *souverainement* sur
toutes les incertitudes importantes.

Il devrait y avoir des pavillons de juges aux divers points de
mire, et de *départ* pour chaque nature de lice.

Il y aurait beaucoup à améliorer dans l'ordre *d'injonction* de
départ, qui, jusqu'ici, a trop souvent prêté à la *critique* et même
au *ridicule*

NOUVELLES COMBINAISONS

DES LUTTES

POUR LES COURSES EN FRANCE.

J'ai bien médité les combinaisons de lutte que je vais présenter : elles me semblent devoir principalement atteindre le but que l'État doit se proposer dans l'établissement des courses.

1o Dans la lutte seraient admis, sans distinction de pedigrée mais seulement en les constatant et les énonçant, tous les chevaux, anglais, étrangers et français, de pur sang, de trois quarts et de demi-sang, même de non-sang, de tout âge, depuis 4 ans et au-dessus, en ne faisant porter aux chevaux de quatre ans que le poids des plus légers jockeis, et aux coursiers plus âgés des poids proportionnés à l'âge, soit d'après des fixations nouvelles fondées sur de nouveaux essais, soit sur les fixations anglaises et françaises, après les avoir approfondies, et même mieux encore en ne les astreignant à aucun poids additionnel.

2o Il y aurait pour le même prix plusieurs luttes différentes, d'abord dans une lice de 1,000 mètres, puis le même jour dans une lice de 2,000 mètres, et enfin le même jour dans une lice de 5,000 mètres. Ce serait en tout 6,000 mètres, et conséquemment deux fois le parcours imposé au cheval de 4 ans, lorsqu'on ne les soumet qu'à une lutte dans la lice de 5,000 mètres; et égalité d'espace, si on les soumet à partie liée : les coursiers de 4 ans pourraient, si cela leur convenait, renoncer à cette troisième épreuve ; et à cet effet, une portion du prix qui, dans cette supposition, aurait été fixée d'avance, lui serait délivrée, s'il l'avait méritée en arrivant le premier au but.

5⁰ A trois jours de distance, les mêmes concurrens, à l'exception de ceux de 4 ans qui se seraient retirés, recommenceraient la lutte dans une lice de 4,000 mètres, puis dans la même journée dans une lice de 5,000 mètres.

4⁰ Enfin, à trois jours de distance, les vainqueurs de chaque lice de la seconde époque lutteraient entre eux dans une lice de 6,000 mètres : ce jour-là, le concurrent atteignant le premier le but serait proclamé vainqueur.

5⁰ Et néanmoins, à trois jours de distance, les mêmes coursiers recommenceraient une lutte entre eux dans une lice de 5,000 mètres, et dans une lice de 6,000 mètres.

Si à ces deux dernières époques le même coursier remportait la victoire, il aurait la totalité du prix ; si à chaque fois il y avait un vainqueur différent, le prix serait partagé par moitié entre eux.

Il est possible que quelques esprits indolens observent qu'il y a là beaucoup de complications ; qu'ils y réfléchissent, et ils reconnaîtront que toutes ces combinaisons, sans exception, sont bien entendues dans leurs motifs et dans leurs résultats.

RÉSUMÉ.

Il serait désirable, sous tous les rapports, que, pour la fixation des parcours des lices que publieraient les gouvernemens étrangers, et surtout l'Angleterre, on pût, sinon *de fait*, au moins *approximativement*, comparer, sous le point de vue de vitesse, les qualités respectives des chevaux anglais et des chevaux français.

Il faudra bien se contenter de ces approximations, jusqu'au moment que je provoque de tous mes vœux, parce que je le considère comme très-*prospère*, quoique *redouté*, même par des personnes bien *intentionnées*, où les chevaux étrangers seront, sans distinction, admis aux concours des courses en France.

Alors disparaîtra surtout cette combinaison déloyale, sinon jusqu'ici tentée, au moins possible, d'introduire en France des jumens couvertes en Angleterre par des étalons renommés; de ces jumens avec lesquelles on a l'habitude de proposer d'avance des paris pour l'avenir, avant même la naissance de la production.

Cette naissance s'effectuerait en France, on la ferait *matériellement* constater par *suffisamment* d'autorités, même par un bien plus grand nombre que n'en exige la loi, et on se placerait ainsi dans l'impossibilité de voir faire *légalement* aucune difficulté sur la délivrance des prix.

Vous craindriez la concurrence étrangère, et vous êtes Français!

Entendez mieux vos intérêts.

Même en la craignant, provoquez-la.

En cette partie, les revers peuvent vous être utiles et profitables.

D'abord il s'y prit mal, puis bien;

Puis enfin il n'y manqua rien.

Je le dis sans *forfanterie*, mais avec un sentiment intime de *conviction :*

Est-il quelque chose qu'un Français ne puisse faire, lorsqu'un habitant quelconque du globe l'a fait avant lui ?

Comparativement à la grande masse distinguée de mes compatriotes, je ne puis être rangé que dans la catégorie des *infiniment petits*, et cependant, si l'on me donnait l'assurance que quelqu'un a obtenu, par la force de ses combinaisons et de sa ténacité, un résultat quelconque, autre que ceux dépendans du *génie*, je répondrais, sur ma tête, de l'obtenir *également*, dans le cas où j'en apprécierais l'*utilité* ou la *nécessité*.

Déjà j'ai dit, en parlant du désir de l'adoption des chevaux étrangers dans nos concours :

Supposons un haras dont la réputation soit solidement établie en divers pays.

Supposons que le propriétaire de ce haras se soit assuré, par des essais particuliers de durée de trajet, de la *probabilité* de ses chances heureuses dans les courses nationales.

Dans une telle position, ce propriétaire, ne consultant que le but du plan qu'il aurait conçu dans l'intérêt direct du gouvernement, et sans même être influencé par la *minime importance* du résultat *pécuniaire* qu'il obtiendrait en cas de *victoire*, resterait probablement à l'écart.

Mais s'il existait des luttes où seraient admis des chevaux étrangers, ce même propriétaire ne manquerait sans doute pas de se dire : Ce n'est qu'en déployant ses forces qu'on peut en apprécier l'étendue; ce n'est que dans une lutte *hasardeuse* qu'on peut espérer un rang *incontesté*; ce n'est que par une application bien combinée de ses moyens, qu'on peut en *prouver* l'importance.

Il serait *battu* quelquefois, veut-on même très-souvent,

Qu'importerait ?

On n'est pas déshonoré pour *échouer*, en *luttant* contre ses *maîtres*.

L'*ingratitude*, la *présomption* et l'*arrogance* seraient, dans une telle position, les seuls résultats *répréhensibles* et *humilians*.

Acheter de telles *défaites* par la *naturalisation probable*, au moins *possible*, des vainqueurs, serait au surplus un motif suffisant de *consolation*.

Et, d'ailleurs, à force d'aller à *l'école*, on peut, de grade en grade, arriver jusqu'au premier, et, en braves et loyaux chevaliers, attendre alors de pied ferme le combat, en se glorifiant, sans trop de *vanité*, d'avoir contribué à aplanir une *difficulté*, que, par conviction ou par combinaison, on avait proclamée comme *insurmontable*.

De bien plus puissans que nous ont dit avec juste raison :

Je peux tout, parce que je ne veux que ce que je puis.

Dans cet esprit, pourquoi ne nous dirions-nous pas également :

Nous atteindrons enfin le but que nous nous proposons, parce que d'autres déjà l'ont atteint, parce que nous voulons opiniâtrément l'atteindre, et parce que la durée probable de notre existence peut suffire à cette entreprise.

A ce sujet, beaucoup, sans doute, ajouteraient comme moi :

J'ai le bonheur d'être Français, de *fait*, de *cœur* et d'*esprit*.

Ce titre *honorable*, que je ne changerais pas contre aucun autre, me fait, heureusement, apprécier et remplir, sans restriction, les devoirs d'esprit national qu'il impose à tous ceux qui en sont favorisés.

Que ce genre d'esprit, *corroboré* d'une *louable impartialité*, se propage, se généralise et se vivifie dans notre belle France, déjà si imposante sous tous les rapports.

Dès-lors nous n'aurons plus rien à *envier* à aucune nation du monde.

TABLE.

FIN DE LA TABLE.

www.ingramcontent.com/pod-product-compliance
Ingram Content Group UK Ltd.
Pitfield, Milton Keynes, MK11 3LW, UK
UKHW021636170726
13836UKWH00005B/2210